교실 속 AI 교육

❶

교실 속 AI 교육 ❶

발행일	2022년 3월 10일

지은이	강동훈, 이수빈, 이유진, 윤서화		
펴낸이	손형국		
펴낸곳	(주)북랩		
편집인	선일영	편집	정두철, 배진용, 김현아, 박준, 장하영
디자인	이현수, 김민하, 허지혜, 안유경	제작	박기성, 황동현, 구성우, 권태련
마케팅	김회란, 박진관		
출판등록	2004. 12. 1(제2012-000051호)		
주소	서울특별시 금천구 가산디지털 1로 168, 우림라이온스밸리 B동 B113~114호, C동 B101호		
홈페이지	www.book.co.kr		
전화번호	(02)2026-5777	팩스	(02)2026-5747

ISBN	979-11-6836-201-7 04370 (종이책)	979-11-6836-203-1 05370 (전자책)
	979-11-6836-202-4 04370 (세트)	

(주)북랩 성공출판의 파트너

북랩 홈페이지와 패밀리 사이트에서 다양한 출판 솔루션을 만나 보세요!

홈페이지 book.co.kr • **블로그** blog.naver.com/essaybook • **출판문의** book@book.co.kr

작가 연락처 문의 ▸ ask.book.co.kr

작가 연락처는 개인정보이므로 북랩에서 알려드릴 수 없습니다.

1

4차 산업 시대의
스마트한 수업 방법

교실 속 AI 교육

강동훈·이수빈
이유진·윤서화 지음

북랩

contents

1학기(1권)

2학기(2권)

등장인물

	학년	업무	인물 소개
교장		업무총괄	교육활동에 있어 교직원들을 적극적으로 지원해 주며, 독서교육에 관심이 많음
교감		업무부총괄	수평적인 학교문화를 만들기 위해 힘쓰며, 교직원들의 자율성을 존중함
교무부장	1	학사일정 운영, 체험학습, 전·입학처리 등	교감 발령을 앞두고 있으며, 새로운 것을 배우는 걸 좋아함
연구부장	전담 (과학, 체육, 도덕)	학교 교육과정 수립, 동료장학, 학교 평가 등	학교 교육과정에 대한 전문가, 수업 전문가로서 후배 교사들에게 수업에 대한 적절한 조언을 함
장지영	2	인성, 독서 교육	8년 간의 긴 육아휴직을 마치고 복직함, 공백기에도 불구하고 노련하게 학급을 운영함
박소현	3	체육 교육	본교에 첫 발령을 받은 2년 신규교사, 주어진 일을 빠르고 효율적으로 익힘
임현숙	4	생활 안전 교육	퇴임이 얼마 안 남은 원로 교사, SW와 AI 교육을 어려워함
김다희	5	작은 학교 살리기, 학예회	재작년까지 도시의 큰 학교에서 근무, 작년에 본교에서 6학년 담임과 SW 선도학교 운영을 담당함
이수빈	6	정보 및 AI 교육, 선도학교	큰 학교만 근무하다가 작은 학교로 전입, 정보화 스마트 기기 다루는 것을 좋아하며 수업 연구를 열심히 함, 부부교사
특수		특수 교육	특수교육 경력이 오래되어 타 학교에서도 특수교육에 대해 자문을 얻으러 옴
보건		보건 교육	작은 학교라 보건 교사가 순회로 근무함
아내	6		이수빈 교사와 함께 A시에서 B군으로 근무지를 이동함, B군의 미래초보다 더 큰 학교에 근무함

미래초등학교 학급별 학생 수

1학년		2학년		3학년		4학년		5학년		6학년		전교생	
남	여	남	여	남	여	남	여	남	여	남	여	남	여
1	1	3	5	3	1	4	7	4	5	9	6	24	25
2		8		4		11		9		15		49	

01
프롤로그
: AI 개념의 이해

"우리 학교가 AI 교육 선도학교로 선정되었습니다."

미래초등학교의 첫 전체 교직원 회의에서 나온 말이었다.

'AI 교육 선도학교는 뭐지? 초등에서 AI 로봇을 만들라는 말은 아닐 테고…'

그때는 여러 업무전달 사항 중 하나로 생각하고 넘겼다. 이것 외에도 2월에는 신경 써야 할 일들이 많았으니 말이다. 2월 말은 초등교사들에게 몸이나 마음이 모두 어수선한 달이다. 미우나 고우나 정들었던 아이들을 보내야 하고 일부 선생님들은 학교를 옮기기도 한다. 이수빈 선생님도 이번에 학교를 옮겨 미래초등학교로 오게 되었다. 첫 발령부터 지금까지 5년을 근무했던 학교를 떠나 새로운 학교에 둥지를 튼 것이다. 더군다나 지역도 A시에서 B군으로 옮기게 되면서 안면이 있는 선생님보다는 처음 만난 선생님들이 많아 교직원들과도 새롭게 인연을 쌓아 가야 했다. 낯선 곳, 낯선 선생님들과 적응을 하게 된 것이다.

미래초등학교는 이수빈 선생님의 전임지와는 환경이 매우 달랐다. 일단 규모 면에서부터 차이가 컸다. 전임지 학교는 30학급으로 한 학년마다 4~6개의 학급이 있어서 같은 학년 선생님들과 함께 학년 운영을 꾸려갔다. 덕분에 학년 부장선생님이나 학년 연구선생님들께서 학년의 일을 기획해서 잘 운영해주셨다. 하지만 현임지 미래초등학교는 전학급이 6학급에 불과했다. 한 학년에 한 학급씩밖에 없어서 같은 학년이라는 개념도 없었고 학년 부장선생님, 학년 연구선생님의 개념도 없었다. 모든 담임 교사가 학년 부장선생님이자 학년 연구선생님인 셈이다. 전교생도 전임지는 600여 명에 달했지만, 미래초등학교는 50여 명에 불과해 학생 수가 적은 학급은 2~3명 정도 밖에 되지 않았다. 이수빈 선생님은 학생 수가 너무 적어 한 시간을 어떻게 수업할지 걱정도 되었다.

학교에 대한 간단한 전달 사항과 교직원 소개가 끝났다. 드디어 한 해 동안의 삶의 질을 책임질 학교 업무와 학년이 발표되는 시간이었다. 이수빈 선생님은 6학년과 정보업무를 맡게 되었다. 운이 좋게 6학년은 본인이 1지망으로 쓴 학년이었고 업무도 희망한 업무였다. 이수빈 선생님은 평소 IT 장비들을 좋아해서 정보화 스마트 교구들을 다루는 것을 좋아했기 때문이다. 다른 학교와 마찬가지로 미래초등학교도 6학년 담임 교사에 대한 선호도가 낮았다. 교사들이 6학년 담임을 원치 않는 이유는 여러 가지가 있겠지만 일단 많은 수업 시수와 늦은 하교 시간이 가장 크지 않을까 한다. 그뿐만 아니라 사춘기 시기인 6학년 학생들의 특성상 학교폭력이나 성 관련 문제가 한번 발생하면 제법 큰 스케일로 터지기 때문이기도 하다. 더불어 졸업앨범, 수학여행 등 6학년 고유의 업무들도 다른 학년에 비해 부담스러울 수 있었다. 그러니 6학년 담임에 대한 선호가 낮은 것은 여느 학교나 마찬가지였다. 하지만 이 교사는 저학년보다 고학년, 특히 6학년을 선호했다. 비록 수업 시수나 학교폭력, 6학년 고유의 업무 등이 힘들 때도 있지만 6학년 학생들과는 학기 초에 좋은 관계를 맺어놓으면 학생들이 그에 걸맞은 결과물들을 보여주어 보람 있기 때문이었다.

올해 미래초등학교에는 9명의 선생님과 교감, 교장 선생님이 근무한다. 이 교사 이외에도 육아휴직을 끝내고 오신 장지영 선생님, 작년에 발령받은 신규 박소현 선생님, 퇴임이 얼마 남지 않은 임현숙 선생님, 재작년에 같이 근무했던 김다희 선생님 그리고 학교의 많은 업무를 담당하고 계신 교무부장 선생님, 연구 선생님, 특수학급 선생님, 보건선생님이 계신다.

업무 분장표를 보니 이 교사의 업무는 정보업무(교내 학내망 관리, 정보통신윤리교육, 저작권교육, 나이스)와 더불어 AI 교육 선도학교 운영이라는 업무도 포함되어 있었다. 이 교사는 AI 교육 선도학교 운영의 책임자가 된 것을 보니 계획 수립을 위해 바쁘게 움직여야겠다는 생각이 들었다. 이 교사의 신규 발령 때만 해도 2월에는 간단한 교실 정리만 했을 뿐 본격적인 학년 교육과정 등은 개학 후에 천천히 구성했다. 하지만 요즘은 원활한 학교 운영을 위해 학생들을 맞이하기 전에 먼저 학년, 학급 교육과정들을 짜놓는

추세다. 교육청에서도 학기 초인 3월, 9월에는 학급 운영에 집중하라는 의미로 출장이나 업무 관련 공문을 최소한으로 보낸다. 다른 선생님들이 본격적인 학급 교육과정을 수립하기 전에 선도학교 운영계획을 세워야 그 내용이 효율적으로 교육과정에 반영될 수 있을 터였다. 이 교사는 개학 전까지 조금 바쁘긴 하겠지만, 평소 관심 있던 AI를 주제로 일한다니 재미있을 것 같은 생각이 들었다.

　다른 선생님들도 자신이 원하는 학년과 업무가 주어졌는지 살펴보느라 집중하고 있었다. 모두가 원하는 결과를 얻기는 힘들겠지만, 어느 정도 만족하는 선생님들의 모습이 눈에 보였다.

교감　자, 이제 오전 일정은 끝났습니다. 신학기라 기대와 걱정도 많으실 텐데 잠시 쉬시면서 오후에는 학급 정리나 업무 파악을 하시고, 급한 일이 있으신 분은 복무 결재받은 후에 자유롭게 나가셔도 됩니다.

　직원회의가 끝나고 자리를 정리하고 있을 때였다. 재작년에 같이 근무했던 김다희 선생님이 말을 걸어왔다.

김 교사　선생님, 이렇게 다시 또 보네요. 잘 지내셨어요?

이 교사　그러네요. 선생님이랑 이렇게 빨리 다시 근무할 줄이야. 정말 교직이란 게 어떻게 또 만날지 모른다니까요. 전 잘 지냈죠. 선생님도 잘 지내셨죠?

　김다희 선생님은 이 교사가 미래초등학교에 전보 신청을 하는

데 많은 조언을 준 선생님이다. 규모가 큰 학교에서 작은 학교로 옮기는 것에는 선생님들마다 생각보다 큰 마음의 결정이 필요하다. 작은 학교나 큰 학교나 주어진 업무량은 비슷하기 때문에 교직원 수가 적은 소규모학교는 아무래도 부담이 된다. 특히 6학급 학교에서는 때에 따라 보건, 특수교사가 없어서 담임교사가 해당 업무를 맡아야 하는 경우도 많았다. 하지만 다행히 미래초등학교는 보건, 특수선생님이 상주해 계신다.

> **김 교사** 선생님. 2층에 가면 교사 휴게실 있는데 거기에서 좀 쉬었다가 업무 봐요. 밀린 이야기도 나누시고요.
>
> **이 교사** 네, 그렇게 해요.

이 교사가 2층에 올라와 커피를 타고 있으니 다른 선생님들도 하나둘 올라오셨다. 저마다 겨울방학은 어떻게 지냈냐며 근황을 묻기에 여념이 없었다.

짧은 근황을 나누고 나니 자연스레 인수인계에 대한 이야기가 오고 갔다. 업무뿐만 아니라 학생들의 성향에 대한 이야기도 나오게 되었는데 특이한 점은 기존에 미래초등학교에 근무하던 선생님들이 대부분 전교생에 대한 특이사항을 파악하고 있다는 것이다. 선생님들이 다른 학년의 학생들에 대해 알고 학급에서 일어난 일도 속속들이 기억하는 모습을 보며 이 교사는 마치 전임교에서 같은 학년 선생님들과 함께하던 순간이 떠올라 마음이 편해졌다. 비록 같은 학년은 아니지만, 함께 학급 운영을 고민한다는 측면에서 동질감이 느껴졌기 때문이다.

이전에는 한 반에만 20명이 넘는 학생들을 한 번에 가르쳤다. 그래서 한 반에 4~5명인 학급은 어떻게 수업해야 할지 막막했는데, 다행히 6학년 학생은 15명으로 이전 학교와 학생 수가 큰 차이가 없었다. 선생님들과 자연스레 학생들에 대한 이야기를 하고 있을 때였다. 점심 시간을 알리는 방송이 나왔다.

"미래초등학교 교직원 여러분, 오늘은 급식이 실시되지 않는 관계로 학교 옆 수짜장에서 식사를 하겠습니다. 하시던 일은 정리하시고 12시 30분까지 수짜장으로 오시기 바랍니다. 감사합니다."

신학기 준비 기간은 어수선해서 정신이 없지만, 각 학교 근처의 맛집들 탐방이 가능하다는 장점도 있다. 함께 있던 선생님들이 방송을 듣고 수짜장의 수타면이 얼마나 쫄깃한지 설명하는 것을 보니 그곳 역시 맛집인 것 같았다. 이 교사는 메뉴도 짜장면이라 미래초등학교로 이사한 첫날 식사로 딱 맞는 첫 끼라는 생각이 들었다.

읽을거리

◎ 인공지능이란?

인공지능은 인간의 지적 능력(학습능력, 추론능력, 지각능력, 자연언어 이해능력 등)을 컴퓨터 프로그램으로 실현한 기술입니다.

인간의 지능을 인공적으로 재현하려는 생각은 이전부터 있었습니다. 인공지능이라는 용어는 1956년에 처음 등장했습니다. 인간의 두뇌 작용을 적용하여 기계를 만들려는 시도는 인터넷의 발전으로 방대한 데이터를 처리할 수 있게 되면서 발전되었습니다.

기존의 컴퓨터는 인간이 만든 프로그램을 통해 연산작업을 했다면, 인공지능은 기계학습과 딥러닝 기술을 활용하여 방대한 데이터를 학습해 의사결정을 내리는 알고리즘을 만들어 냅니다.

02

AI 교육의 필요성 및 중요성

이 교사는 교실 정리와 교육과정 수립, 업무 파악을 위해 다음 날 아침 일찍부터 출근했다. 아직 3월이 되지 않았지만, 입춘이 지나니 확연히 날이 풀렸다는 게 느껴졌다. 교무실에 들러 교감 선생님과 다른 선생님들과 간단히 인사를 마친 뒤 교실로 들어섰다. 반 학생들은 총 15명, 남학생 9명 여학생 6명으로 수업하기에 이상적인 규모의 학급이었다. 25명이 넘는 학생들이 있는 반에서는 수업 중에 학생들이 한눈에 들어오지 않는다는 느낌이 강했다. 모든 학생에게 발표할 기회를 주지 못하거나 개별 수준에 맞추지 못하고 수업을 진행할 때가 많았다. 하지만 15명 정도는 한눈에 학생들의 행동이 다 파악될 것 같았다. 이 학생들도 미래초등학교에서는 과밀학급(?)에 속했다. 저학년으로 내려갈수록 학생 수가 적었다. 특히 1학년의 경우 남학생, 여학생 각각 1명으로 총 2명에 지나지 않았다. 군지역의 작은 학교들은 인구감소 영향으로 학생 수를 확보하는 게 하늘의 별 따기였다.

　이 교사는 아직 쌀쌀하지만, 방학내 쌓인 먼지를 털어내기 위해 교실의 창문이란 창문은 다 열었다. 청소기를 돌리고 물걸레로 교실 곳곳을 닦기 시작했다. 청소처럼 단순 노동을 할 때 듣는 일명 노동요를 유튜브에서 검색해 틀었다. 예전에는 듣고 싶은 장르의 음악을 듣기 위해 플레이리스트에 노래를 한 곡, 한 곡 넣었다면 요즘에는 유튜브에서 해당 상황이나 분위기에 맞는 음악을 검색하여 어울리는 음악을 추천해주는 대로 듣는 경우가 많다. 물론 모르는 노래들도 많지만 내가 원하는 비트나 분위기, 음색과 어울리는 음악이 잘 추천되어 즐겨 사용하고 있었다. 노래를 들으며 흥겹게 청소를 하다 보니 교실 청소는 생각보다 일찍 끝났다. 작년에 이 교실을 사용한 선생님께서 교실을 깔끔히 비워주셔서 크게 버리거나 정리할 부분은 없었다. 매해 교실을 옮길 때마다 교실을 정리하는 것이 큰일 중의 하나인데 이렇게 깔끔히 비워주시니 감사했다.

김 교사　똑똑~ 바쁘세요? 이 교실에는 신나는 노래도 나오네요?

　청소가 어느 정도 마무리되고 있을 때 옆 반 김다희 선생님께서 찾아왔다. 전임교에서 같이 근무한 선생님이 있다는 것이 심적으로 큰 안정을 주었다. 낯선 환경에 뚝 떨어져서 외로울 수도 있었는데 이렇게 챙겨주니 고마울 따름이었다. 김 선생님은 작년에 이 6학년 교실을 썼던 선생님이기도 했다.

이 교사   아뇨, 괜찮아요. 이제 거의 마무리 되었어요. 선생님이 워낙 잘 정리해주고 가셔서 금방 끝나네요.

김 교사   아, 그렇죠? 제가 너무 많이 비웠나요? 학기 초에 쓰실 색연필이나 매직 같은 거라도 놔둘 걸 그랬나 봐요.

이 교사   아니에요. 오히려 깔끔해서 괜찮고 좋다는 말이에요. 저도 이제 정리하고 커피 한잔하면서 쉴까 했는데 선생님도 커피 한잔하시겠어요?

김 교사   네, 좋죠! 선생님이랑 같이 근무할 때 커피 자주 얻어먹어서 좋았는데 올해도 잘 부탁드립니다!

이 교사   언제든지요. 휴게실로 가죠. 이 학교는 휴게실이 잘 되어 있는 것 같아요.

김 교사   그렇죠. 학급 수가 적다 보니 유휴 교실이 많아서 특별실이나 교사 휴게실이 잘 되어 있어요. 선생님들이 항상 모여 있는 곳이다 보니 휴게실에서 회의도 자주 해요.

역시나 교사 휴게실에는 이미 몇몇 선생님들이 자리 잡고 있었다. 반갑게 인사를 한 후 커피를 내리고 자리에 앉았다. 청소하느라 추운 교실에서 이리저리 몸을 움직이다 따뜻한 커피 한잔에 몸이 노곤해져 왔다. 마침 기회다 싶어 이 교사는 김다희 선생님에게 이 학교의 여러 가지 사정이나 팁을 물어봤다.

이 교사   선생님, 제가 이번에 정보와 AI 교육 선도학교 업무를 맡게 되었잖아요. 그런데 혹시 AI 교육 선도학교에 대해 알고 있는 거 있으세요?

김 교사   글쎄요. 저도 자세히는 모르지만, 예전에 했던 소프트웨어 선도학교랑 비슷한 것 아닐까요?

이 교사   저도 그렇게 생각은 하고 있는데 혹시 좀 다른 게 있나 싶어서요.

김 교사   AI란 게 무엇인지부터 알아봐야겠는데요? 그걸 알아야 나중에 수업 나눔이나 관련된 수업을 계획할 수 있을 것 같아요.

이 교사   AI는 인공지능 아니에요? 저도 잘은 모르지만, 소프트뱅크 손정의 회장이 청와대 강연 같은 곳에서 "미래의 중요한 기술은 AI입니다"라고 했던 게 생각나요.

김 교사   그러고 보니 여러 매체에서 인공지능 기술의 중요성이 부각됐죠. 더불어 인공지능 교육 관련 연수도 많이 생기기도 했잖아요.

이 교사   저도 이번 겨울 방학 때 AI 교육 관련 연수를 들었거든요.

이 교사는 지난 겨울방학에 AI 교육 관련 연수를 이수하였다. 이전에 소프트웨어 교육과 관련된 연수는 여러 번 들었지만, AI와 관련된 연수는 이번 겨울방학에 처음 듣게 되었다. 이번 연수로 인공지능 교육의 필요성에 대해 알게 되었다.

첫째, 인공지능 교육은 미래사회의 생존 전략이다. 인공지능과 관련된 기술들이 어느새 생활 곳곳에서 이용되고 있다.

둘째, 인공지능 교육으로 자기표현 능력이 강화될 수 있다. 자신의 의도대로 코딩하거나 인공지능 프로그램 설계로 자기표현 능력을 강화할 수 있는 것이다.

셋째, 인공지능 기반 문제해결역량을 육성할 수 있다. 인공지능과 관련된 문제는 일상의 다른 문제들과는 차별성을 두고 있을 것이다. 인공지능교육은 앞으로 널리 이용되면서 현재와는 전혀 다른 새로운 문제들이 나타날 수 있다.

넷째, 지능화·정보화된 사회에 대한 이해를 높일 수 있다. 미래 사회에 유용하게 쓰일 기술을 아는 것은 단순히 한 가지 기술을 아는 것일 수도 있지만, 미래사회가 어떻게 변화될 것이고 어떤 양태로 나아갈 것인지에 대해서도 생각해볼 수 있는 것이다.

장 교사   저는 '인공지능이다. 소프트웨어 교육이다.' 이런 것들이 어렵더라고요. 왠지 컴퓨터를 잘해야 할 것 같고….

임 교사   맞아요. 저도 컴퓨터를 잘 못 다루다 보니 이런 수업 자체가 부담스럽더라고요.

인공지능교육에 대한 이야기를 듣던 2학년 장지영 선생님과 4학년 임현숙 선생님이 걱정 어린 말을 해주셨다. 임현숙 선생님은 퇴임이 몇 년 남지 않으신 원로 교사 선생님이셨다. 매해 조금씩 바뀌는 업무포털 시스템이나 나이스 성적처리 방식도 어려워서 매년 어려움을 겪고 있다고 하셨다.

임 교사   그런데 미래사회에 인공지능이 점차 중요해지는 건 분명한 것 같아요. 어떤 직업에 종사하든지 인공지능과 관련될 수밖에 없을 것 같아요. 교사라는 직업도 인공지능과 전혀 관련 없는 것처럼 여겨졌지만, 어느새 인공지능을 가르쳐야 하기도 하잖아요?

이 교사   맞아요. 인공지능 기술을 가지고 있지 않은 제품을 찾기 어려워요. 우리가 쓰는 SNS나 로봇청소기 같은 것들도 인공지능 기술을 가지고 있잖아요?

임 교사   SNS에도 인공지능 기술이 적용되어 있어요?

이 교사   페이스북이나 인스타그램 같은 것들도 선생님께서 검색했던 기록을 바탕으로 적절한 광고를 내주잖아요. 혹시 인터넷 쇼핑몰 때문에 검색하고 SNS를 들어가 보면 해당 제품들이 광고로 올라와 있지 않던가요?

김 교사   맞아요! 저번에 옷 산다고 인터넷으로 알아본 후에 인스타그램에 접속하니까 해당 쇼핑몰 광고가 떠 있더라고요. 그래서 신기하다고 생각했죠! 이런 우연이 있다니 하면서.

이 교사   우연이라기보다는 해당 사이트에서 선생님께서 검색하신 기록을 서버에 전송하고 선생님께서 관심을 가질만한 데이터를 광고의 형태로 보낸 거죠. 데이터를 구분할 수 있는 알고리즘을 통해 의사 판단이 이루어지는 과정에서 사용자에게 알맞은 정보를 제공하는 거예요. 아까 저희 교실에 오셨을 때 나오던 노래도 그런 인공지능이 추천해 준 것이었고요.

임 교사   사용자마다 이런 결정을 다 내려주려면 엄청 방대한 데이터를 보유해야겠는데요? 그리고 분류 체계도 구축을 잘해야겠어요.

이 교사   아무래도 그렇죠. 그래서 요즘에는 AI 전문가뿐만 아니라 빅데이터를 다루는 기술도 매우 중요한 기술로 주목받고 있잖아요.

이 교사는 이야기를 나누며 AI 교육 선도학교 업무를 담당하게 되었지만, AI와 관련된 이론들을 학교 현장에서 어떻게 이용해야 할지 막막했다. AI 연수에서 활용할 수 있는 프로그램이나 앱(애플리케이션)들을 소개해주긴 했지만, 직접 수업을 해보지 않아서 현실성이 잘 느껴지지 않는 것이다.

새롭게 1년을 보내야 하는 교실로 가며 AI 교육 선도학교에 대해 생각해보았다. 이전 학교에서 이 교사는 소프트웨어 교육 선도학교를 운영한 바 있다. 소프트웨어 교육 선도학교를 3년간 운영하면서 학생들이 성장하는 모습에 매력을 느꼈다. 그중 가장 좋았던 것은 교사로서의 스스로 발전된 자신의 모습이었다. 학생들을 가르치기 위해 코딩이 무엇인지, 해외의 소프트웨어 교육은 어떻게 이루어지고 있는지 등을 배웠다. 그저 단순히 컴퓨터나 전자기기를 좋아해서 맡았던 업무와 일들이 자신을 발전시키는 일이 되고 있었다.

교실 정리를 마무리하기 전에 맡은 업무에 대한 궁금증이 생긴 이 교사는 업무관리시스템에서 'AI 교육 선도학교'에 대해 찾아보기 시작했다.

이제 AI 교육이 초등교육의 한 자락으로 들어서려고 한다. 소프트웨어 교육에서 한발 더 나아간 AI 교육은 어떤 모습으로 우리 교육에 자리 잡게 될까. 그 시작을 위한 계획을 세워볼 차례였다.

03

빅데이터 활용하기

: 워드클라우드, 나이인식 AI

학생 때보다 선생님이 되고 난 후에 3월 첫날이 더 떨리는 것 같다. 이 교사는 매년 3월 첫날 하는 활동들이 어느 정도 짜여있었는데 미래초등학교에서는 조금 변화를 주어야겠다고 생각했다. 미래초등학교 6학년들은 이미 5년 동안 내리 같은 반이어서 새 학년, 새 친구, 새 담임 선생님에 대한 기대감이 적었다. 어떻게 학생들과 첫날을 잘 보낼 수 있을지에 대해 고민했다.

학기 초 스트레스는 어느 교사나 가지고 있는 것 같다. 아내와 식사를 하며 아이들과 첫날을 어떻게 보낼지 의견을 물어보았다. 이 교사와 아내는 작년까지 A시에서 함께 근무한 부부교사다. 이번에도 함께 B군으로 옮겨오면서 아내는 관내의 조금 더 큰 규모의 학교에 발령받았다. 사랑하는 아내는 인생의 동반자이자 종종

학교의 고민거리를 함께 나누는 든든한 지원자이기도 했다. 아내는 이번에도 역시나 좋은 아이디어로 방향을 잡아주었다.

아내　자기소개가 식상할 것 같으면 좀 새로운 활동을 해보는 것이 어때요? 6년째 같은 반이었다고 하니까 학생들에게 자신의 친구들을 얼마나 잘 알고 있는지를 확인해볼 기회를 마련하는 거죠.

이 교사　자기소개 글을 읽는 발표 형식보다는 친구들에 대한 퀴즈를 풀어보는 형식으로요?

아내　네. 작년에 원격수업을 하면서 종종 썼던 '워드클라우드'라는 사이트가 있는데 그걸 활용해 봐요. 이 기회를 통해 자기가 좋아하는 것을 분명히 알 수 있을 뿐만 아니라, 친구들이 좋아하고 중요하게 여기는 것이 무엇인지 아는 계기가 되지 않을까요?

워드클라우드는 PC뿐만 아니라 개인이 가지고 있는 휴대전화를 이용해서도 가능하니 학생들이 손쉽게 작성할 수 있다. 식사를 마치고 워드클라우드를 실제로 실행해보니 어떤 방식으로 활동을 할지 윤곽을 잡을 수 있었다.

아내　그리고…!

이 교사　?

아내　어휴, 이건 정말 내 비장의 무기였는데. AI 교육 선도학교 담당 선생님이니 특별히 공유해드리죠!

아내가 장난스러운 말과 함께 보여준 활동은 첫날 활동으로 적당할 뿐만 아니라 AI 교육에 활용하기에 딱 맞았다. 이런 생각을 가지고 첫날 활동을 준비하다 보니 어느새 개학 날을 맞이했다.

미래초등학교의 3월 2일은 일반적인 3월 첫날 교실 풍경과 달랐다. 학생들이 서로를 알고 있다 보니 분위기 자체가 다른 느낌이었다. 큰 학교는 학생들이 서로 잘 모르는 경우도 많아서 아는 친구를 찾아 조용히 대화하거나 서먹한 분위기로 앉아 있는 학생들이 대다수였는데 이곳의 학생들은 긴장하거나 설레하는 모습이 거의 안 보였다. 오히려 방학 내내 동네에서 함께 놀았는지 반가운 기색도 없이 일상적인 대화를 나누고 있었다.

첫 시간에는 담임 선생님인 이 교사에 대해 소개 했다. 이름부터 시작해서 전임 근무 학교와 미래초등학교까지 오게 된 이유, 6학년 1반 담임을 맡은 올해의 마음가짐 등에 대해 이야기했다. 학생들은 새로운 인물인 선생님에게 호기심이 생겼는지 이것저것 질문을 던졌다.

학생1　선생님은 몇 살이세요?

드디어 이 교사가 기다리던 질문이 나왔다.

이 교사　여러분은 선생님이 몇 살로 보이나요?
학생 2　30살이요.
학생 3　20살이요!

학생 4	야, 20살은 심했다.
학생 3	아, 그럼 60살?
학생 4	헐!
학생 5	우리 아빠랑 비슷할 것 같아요. 어? 근데 우리 아빠가 몇 살이더라?

학생들이 저마다 이 교사의 나이를 추측하며 잠시 소란스러워진 틈을 타 이 교사는 준비한 프로그램을 실행시켰다.

이 교사	자, 과연 선생님은 몇 살일까요? 컴퓨터는 선생님의 나이를 몇 살이라고 생각하는지 볼까요?

아내의 조언으로 준비한 비장의 무기, 소프트웨어 교육을 하며 무수히 많이 사용해봤던 엔트리에 인공지능을 접목하여 얼굴을 인식하도록 미리 설계해둔 프로그램이었다. 학생들은 화면에 나온 이 교사의 얼굴과 함께 뜬 '28'이라는 숫자에 흥미를 보였다.

학생 1   우와! 선생님 진짜 28살이세요?

이 교사   글쎄요, 과연 컴퓨터가 선생님의 나이를 정확하게 인식했을까
          요? 나이 인식 프로그램이 얼마나 정확한지 여러분들의 얼굴을
          보여주면서 정확도를 확인해볼까요? 앞에서부터 차례로 한 명
          씩 나와보세요.

학생들이 차례로 얼굴을 인식하고, 저마다 다른 숫자로 나오는
나이를 보며 웃는 동안 이 교사는 학생들과 한결 가까워진 느낌을
받았다. 학생들 사이에서도 서로 다르게 나온 나이 덕에 선생님의
실제 나이에 대한 관심이 사라진 틈을 타 이 교사는 다음 활동을
준비했다.

2교시에는 자신을 친구들에게 소개하는 시간을 갖기로 했다. 여
기저기서 볼멘소리가 나왔다.

학생 1   선생님, 이미 다 아는데 무슨 소개를 해요.

이 교사   그래요? 하지만 오늘 하는 건 단순한 자기소개가 아니에요. 여
          러분들이 서로를 진짜 잘 알고 있는지 한 번 확인해 보려고 해
          요. 각자 나에 대한 워드클라우드, 즉 단어 구름을 만들어 볼 거
          예요. 소개 방법은 다음과 같아요.

- 자기 자신을 소개할 수 있는 내용을 적는다. (10가지 이상)
- 가장 중요하다고 생각되는 것 3가지를 순서대로 나열한다.
- 워드클라우드 홈페이지에 들어가서 만들기를 하고 저장, 공유하여 선생님에게 보낸다.
- 선생님이 화면에 띄워놓은 워드클라우드 이미지를 보며 누구의 소개 글인지 함께 추측해본다.

  학생들은 서로 누구의 소개인지 맞춰보자며 학습지와 자신이 만든 워드클라우드를 가리면서 열심히 자료를 만들었다. 적혀있는 정보가 많을수록 예쁜 색깔로 빼곡히 채워지는 워드클라우드를 보며 저마다 자신에 대한 많은 이야기를 담으려 애쓰고 있었다.

▶ 아이들이 직접 작성해본 워드클라우드

그렇게 자기소개 활동이 마무리되어 갈 무렵이었다.

이 교사   오늘 선생님과 함께 활용한 나이 인식 프로그램과 워드클라우드는 AI를 활용한 대표적인 활동이에요.

학생 2   AI요? 우리 집에 AI 스피커 있어요!

이 교사   맞아요. AI를 활용하는 방법에는 인공지능 스피커도 있어요.

학생 2   그런데 오늘 한 활동은 AI 스피커랑 다른데요?

이 교사   AI를 활용하는 방법은 무궁무진해요. 특히 올해 우리 학교는 AI 교육 선도학교로 지정되어서 여러분들과 정말 많은 AI 교육을 체험해 볼 거예요.

학생 3   그러면 AI 로봇도 만들 수 있어요?

이 교사   하하. 그건 조금 많이 공부해야겠지만 못할 것도 없죠!

학생 4   선생님, 아까 나이 인식했던 프로그램 만드는 것부터 해보면 안 돼요? 집에 가서 우리 가족들이랑도 해보고 싶어요.

이 교사   그래요. 그러면 오늘 컴퓨터실을 사용할 수 있는지 확인해 볼까요?

이 교사는 첫날부터 학생들과 즐거운 하루를 시작함과 동시에 AI 교육에 대한 관심도 끌어낸 것 같아 뿌듯했다. 이 아이들과 함께라면 AI 교육 선도학교 운영을 하며 아이들도 이 교사도 다 같이 성장할 수 있을 것 같은 기분 좋은 예감이 들었다.

◎ 워드클라우드란?

워드클라우드는 핵심 단어를 시각적으로 잘 보이게 하는 기법입니다. 방대한 빅데이터를 분석하여 그 데이터의 특징을 도출할 때 사용되기도 합니다.

◎ 얼굴인식 카메라의 원리

인공지능은 수많은 얼굴 이미지 데이터를 학습하여 얼굴을 판단하는 모델을 만듭니다. 이를 통해 성별이나 나이를 인식하게 됩니다. 입력된 이미지에서 얼굴을 추출하여 여러 개의 점을 찍고 점의 위치, 거리 등을 분석하여 얼굴을 인식합니다.

조금 더 발전된 방식으로 '입체구조광 방식'이 있습니다. 수 많은 점으로 된 적외선 패턴을 얼굴에 쏘아 얼굴, 눈, 코, 입의 모습에 따라 왜곡되어 반사되는 빛을 인식하여 얼굴을 인식하는 방식입니다. 얼굴의 미세한 변화도 계속 학습하여 안경을 끼거나 벗어도 같은 사람으로 인식할 수 있습니다.

|||||||||| 워드클라우드 |||||||||||

01 | 'https://wordcloud.kr/'에 접속합니다.

워드클라우드 생성기 3.4

글자색 rainbow   폰트 나눔고딕   T 폰트미리보기

배경색 ☐ ■ ■ ■ ■ ■ ■ ■

마스크 ☐ ♥ ★ ● ◆ ➡ ✖ 📷 ● ✔
🕐 ⚡ ✖ ◖ ♟ ▁▂▃ 🚂 ✚ ☁ ✈
🚶 1 2 3 4 5
6 7 8 9 0 10

크기 직접입력   500px x 500px

단어수 300개

키워드

텍스트

⚙ 워드클라우드 만들기   💾 저장&공유

〈워드클라우드 생성기 사용법〉

- 글자색: 다양한 글자색을 선택할 수 있어요.
- 폰트: 글자폰트를 선택하면 다양한 글씨체로 만들 수 있어요.
- 배경색: 워드클라우드 배경색을 정하세요.
- 마스크: 심심한 네모가 아닌 다양한 모양의 단어구름을 만들수 있습니다. 마스크를 선택
   하면 이미지크기는 먹히질 않아요.
- 이미지크기: 워드클라우드 이미지 크기를 정하세요.
- 최대 단어수: 이미지에 나올 단어의 갯수를 정하세요.
- 키워드: 크게 나오고 싶은 글자를 3개까지 넣을수 있습니다. 키워드는 띄워쓰기없이 넣어
   주세요.
- 텍스트: 내용을 넣으면, 단어구름에 글자들이 나옵니다. 자주나오는 단어는 크게 나와요.
- 워드클라우드를 만든후에 '저장&공유'를 눌러서 저장하거나 친구들에게 자랑하세요.

개학식: 자기소개

02 | 글자색, 폰트, 배경색, 전체적인 형태 등을 정합니다. 워드클라우드로 만들고 싶은 내용을 입력합니다. 가장 크게 나타날 단어는 키워드에 3가지를 입력하고, 텍스트에는 내용을 입력합니다. 자주 나오는 단어는 크게 나옵니다. 입력한 후 **'워드클라우드 만들기'**를 클릭합니다. 만들어진 워드클라우드를 저장하기 위해서 **'저장&공유'**를 클릭합니다.

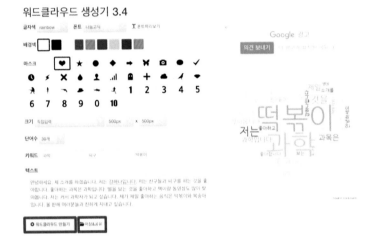

〈워드클라우드 생성기 사용법〉
- 글자색: 다양한 글자색을 선택할 수 있어요.
- 폰트: 글자폰트를 선택하면 다양한 글씨체로 만들 수 있어요.
- 배경색: 워드클라우드 배경색을 정하세요.
- 마스크: 심심한 네모가 아닌 다양한 모양의 단어구름을 만들수 있습니다. 마스크를 선택하면 이미지크기는 먹히질 않아요.
- 이미지크기: 워드클라우드 이미지 크기를 정하세요.
- 최대 단어수: 이미지에 나올 단어의 갯수를 정하세요.
- 키워드: 크게 나오고 싶은 글자를 3개까지 넣을수 있습니다. 키워드는 띄워쓰기없이 넣어주세요.
- 텍스트: 내용을 넣으면, 단어구름에 글자들이 나옵니다. 자주나오는 단어는 크게 나와요.
- 워드클라우드를 만든후에 '저장&공유'를 눌러서 저장하거나 친구들에게 자랑하세요.

03 | 다양한 채널에 공유하거나 이미지를 다운로드받을 수 있습니다. **'워드클라우 드 다운로드'**를 눌러 다운받을 수 있습니다.

04 | 전체화면으로 나오는 이미지를 눌러 다운로드합니다.

자기소개하기

◇ 반갑습니다! 같은 반이 된 새로운 친구들과 인사를 나누었나요? 친구들에게 나를 소개하기 위한 자료를 만들어봅시다. 빈칸에는 내가 소개하고 싶은 내용을 직접 적어봅시다.

나의 성격은		나의 생일은	
우리 가족의 수는		좋아하는 색깔	
좋아하는 과목		싫어하는 과목	
가장 잘하는 것		가장 자신 없는 것	
방과후에 주로 하는 일		현재 다니는 학원	
무서워하는 것		가장 갖고 싶은 것	
좋아하는 음식		싫어하는 음식	
좋아하는 연예인		꼭 가고 싶은 장소	

◇ 위에 적은 내용 중 나를 가장 잘 나타낼 수 있는 말 3가지를 골라서 ○ 하세요.

◇ 'http://wordcloud.kr'에 접속하여 나만의 워드클라우드를 생성해 봅시다.

엔트리- 나이 인식 프로그램

01 | 'https://playentry.org'에 접속합니다.

02 | 상단 메뉴의 **'만들기-작품만들기'**를 클릭합니다.

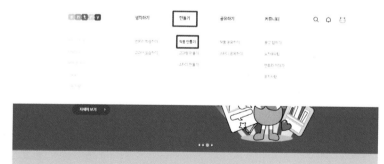

03 | [+ 오브젝트 추가하기] 버튼을 눌러 오브젝트를 추가합니다.

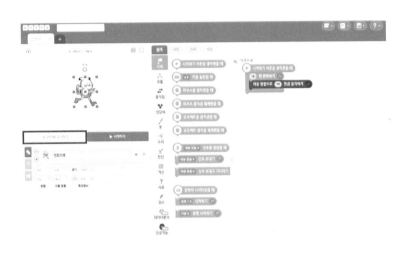

04 | 다양한 오브젝트 중에서 원하는 것을 선택하고 [추가하기] 버튼을 클릭합니다.

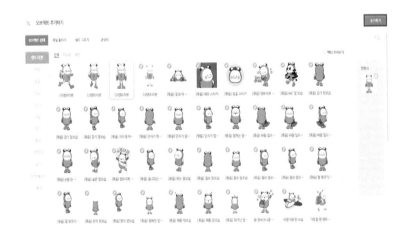

03. 빅데이터 활용하기: 워드클라우드, 나이인식 AI

05 ㅣ '자료-변수 만들기'를 클릭합니다.

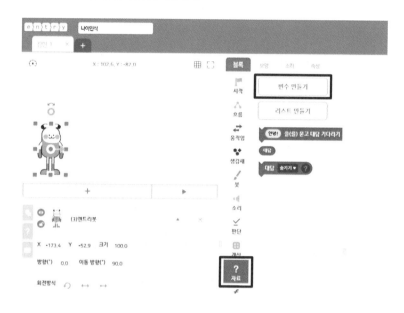

06 ㅣ '변수 추가하기'를 클릭하고 나이 변수를 추가합니다.

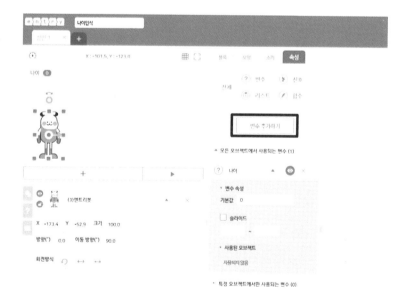

07 | '시작'-'시작하기 버튼을 클릭했을 때'를 넣어줍니다.

08 | 나이인식 AI를 활용하기 위해 **'인공지능'-'인공지능 블록 불러오기'**를 클릭합니다.

09 ㅣ '비디오 감지'를 클릭하고 **'추가'** 버튼을 클릭합니다.
    (나이인식 카메라는 IE와 애플의 IOS를 제외하고 사용가능 합니다.)

10 ㅣ '인공지능'-'비디오 화면 보이기' 블록을 넣습니다.

11 | '생김새'-'~을(를) ~초 동안 말하기' 블록을 넣고 적당한 말로 수정합니다.

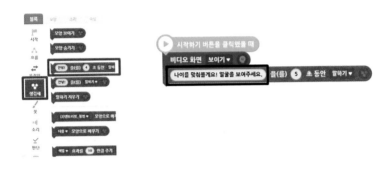

12 | '흐름'-'계속 반복하기' 블록을 넣어줍니다.

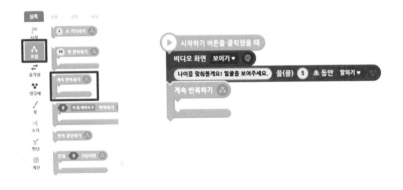

03. 빅데이터 활용하기: 워드클라우드, 나이인식 AI

13 | '인공지능'-'사람 인식 시작하기' 블록을 넣고 '얼굴 인식 시작하기'로 바꿔줍니다.

14 | '흐름'-'만일 참이라면 아니면' 블록을 넣습니다.

15 | '인공지능'-'얼굴 인식이 되었는가?' 블록을 '만일 ~ 이라면' 조건에 넣습니다.

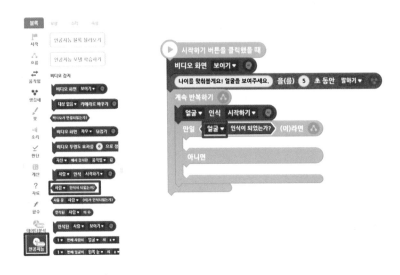

16 | '인공지능'-'인식된 얼굴 보이기' 블록을 넣습니다.

03. 빅데이터 활용하기: 워드클라우드, 나이인식 AI

17 | '자료'-'나이를 10으로 정하기' 블록을 넣습니다.

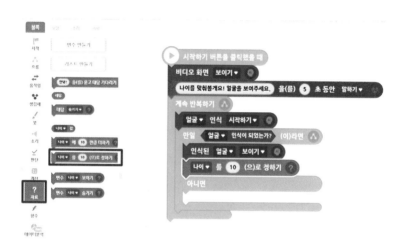

18 | '인공지능'-'1번째 얼굴의 성별' 블록을 가져와서 **'1번째 얼굴의 나이'**로 바꿔
줍니다.

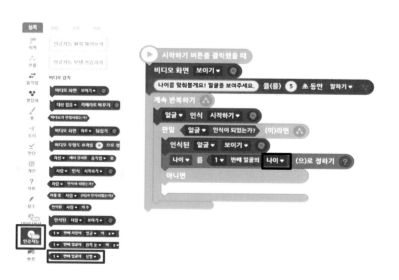

19 │ '생김새'-'~을 ~초 동안 말하기' 블록을 가져와서 얼굴이 보이지 않을 때 **'얼굴을 보여주세요.'** 말이 나타나도록 합니다.

20 │ '재생' 버튼을 클릭하여 나이를 인식하는 모습을 확인합니다.

나이 인식 프로그램 만들기

◇ 다음은 엔트리를 이용한 나이인식 프로그램 만들기 명령어 블록입니다. 〈보기〉에서 빈칸에 들어갈 알맞은 명령어를 고르세요.

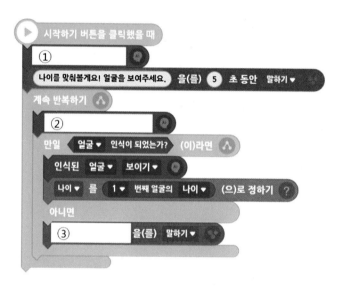

〈보기〉

◆ 얼굴 인식 시작하기   ◆ 나이 인식 시작하기

◆ 계속 반복하기   ◆ 비디오 화면 보이기

◆ 얼굴 보이기   ◆ 얼굴을 보여주세요

◆ 당신은 몇 살입니까?   ◆ 비디오가 연결되었나요?

◆ 끝내기

① _____

② _____

③ _____

인공지능 학습시키기
: 바다환경을 위한 AI

정신없던 3월의 첫 주도 지나가고 어느새 두 번째 주가 시작되었다. 이 교사는 큰 학교에 익숙했기에 작은 규모의 미래초등학교가 여전히 낯설었다. 예를 들어 점심시간만 하더라도 전임지에서는 줄 서는 데 시간을 많이 보내야 했다. 급식소로 출발하는 시간에 조금씩 차이를 둬 3월에는 3학년→4학년→5학년→6학년 순서로 급식을 하면 4월에는 4학년→5학년→6학년→3학년의 순서대로 돌아가는 식으로 급식 순서를 정했다. 여기에 1, 2학년까지 같이 먹으면 급식소가 너무 혼잡해져 보통 저학년인 경우에는 1시간 먼저 급식 시간을 가지기도 했다. 하지만 미래초등학교에서는 학년과 관계없이 급식했다. 순서는 1학년, 2학년. 3학년, 4학년, 5학년, 6학년 순서가 있었지만 크게 의미를 두지는 않았다. 때에 따라 2학년이 1학년보다 먼저 먹을 수도 있고, 6학년이 4학년보다 먼저 먹기도 했다. 크게 시간적 차이가 나지 않아 학생이나 선생님들이나 크게 신경 쓰지 않았다. 마치 한 학교의 학생들이 학년 단위로 움직이기보다 학년군 또는 전교생이 함께 생활한다는 생각이 들었다.

이런 느낌은 교직원 회의에서도 느껴졌다. 올해 미래초등학교에서 교직원 회의는 월요일 오후 3시 30분에 이루어진다. 학교행사나 공휴일 등이 있으면 연기되거나 앞당겨 이루어지기도 한다. 그리고 미래초등학교에서는 교직원 회의라는 단어를 사용하기보다는 '전문적 학습 공동체 모임'이라는 용어를 사용했다. 교직원 회의라고 일컬어지면 단순히 업무전달이나 딱딱한 회의 형식을 지니기 쉬웠다. 하지만 전문적 학습 공동체 모임이라고 하면 교사 자신을 '전문가'로 바라보고 학생들의 '학습'을 연구하는 하나의 '공동체'라는 의미로, 보다 교육에 방점을 둔 모임으로 인식되었다. 이런 전문적 학습 공동체 모임에서 다루는 내용은 다음과 같은 것들이 있다.

첫째로, 담당교사가 수행하는 업무들을 전달하거나 협의하는 것이다. 어떻게 하면 진행하는 업무들을 학생들의 교육 활동에 잘 활용할 수 있는지 등을 논의한다. 예를 들어 진로체험학습 장소나 방식 등을 같이 논의하거나 학기 초 동아리 구성방식을 어떻게 할지에 대한 내용을 정하는 것이다.

두 번째로, 학생들에 관한 이야기였다. 학교가 작다 보니 1년만 근무하면 전교생의 특징을 파악하는 선생님들이 많았다. 3월은 아무래도 학생들 파악이 바로 되지 않는다. 하지만 전문적 학습 공동체 모임에서 각 반의 어려움을 이야기하면 보통 작년의 담임 선생님께서 답변해줄 수 있었다. 전근만 가지 않으셨다면 말이다. 혹은 전근을 가셨다고 해도 보통 재작년 담임 선생님이 계셔서 학생과의 관계에 팁을 주시곤 했다.

세 번째로, 전문적 학습 공동체 모임에서 다루는 것은 수업에 대한 연구였다. 큰 학교에서는 같은 학년별로 또는 학년군별로 수업에 대해 연구를 하곤 했지만, 미래초등학교에서는 모든 선생님이 모여 논의를 했다. 수업에 대한 참신한 아이디어를 나누거나 고민되는 수업에 대해 이야기를 하는 것이다. 이 과정에서 학년군 간 통합수업이 이루어지기도 했다.

학생들을 보내고 어느덧 오후 3시 20분이 되었다. 잠시 후 있을 전문적 학습 공동체 모임에 참석하기 위해 수첩과 태블릿을 챙겼다. 미래초등학교는 태블릿을 전교생뿐만 아니라 교원들에게도 한 대씩 대여해 줄 수 있을 만큼 넉넉하게 보유하고 있었다. 그래서 이 교사는 태블릿 한 대를 대여하여 수업이나 회의에 활용하고 있었다. 때마침 교무부장 선생님의 안내 방송이 흘러나왔다.

"알려드립니다. 잠시 후 3시 30분에 2층 회의실에서 전문적 학습 공동체 모임이 있겠습니다. 교내 선생님들께서는 2층 회의실로 모여주시기 바랍니다."

이 교사의 동작이 조금 빨랐는지 회의실은 아직 텅 비어있었다. 창문을 열고 회의실을 환기하고 있으니 하나둘 선생님들께서 들어오셨다.

장 교사 휴…. 한 주가 어떻게 지나갔는지 기억도 안 나네요.

이 교사 그렇죠? 저도 한주가 어떻게 지났는지 모르겠어요. 주말은 또 어찌나 짧은지….

04. 인공지능 학습시키기: 바다환경을 위한 AI

장 교사 주말에 어디 놀러 가셨어요?

이 교사 아니요. 너무 힘들어서 집에서만 쉬었어요. 아내랑 산책이나 카페 정도만 가고요. 어디 놀러 갈 정신이 없더라고요.

회의실에 들어오신 장지영 선생님과 인사를 나누었다. 장지영 선생님은 육아휴직에서 복직해서 학교에 적응하는 데 시간이 필요하다고 하셨다. 그것도 그럴 것이 자녀들이 셋이나 되어 육아휴직을 거의 8년 동안 사용했기 때문에 복직 후 적응하기 힘든 것이 당연하다고 생각되었다. 그래도 학교에서는 첫째의 학년과 같은 2학년으로 배정해주었다. 또한 육아시간을 사용하는데 교장, 교감 선생님들께서 흔쾌히 결재해주셨다. 아직도 몇몇 학교의 관리자들은 육아시간을 쓰는 것에 인색하다는 소문이 있다는데, 참 다행인 근무환경이었다.

선생님들이 모두 모이자 전문적 학습 공동체 모임을 시작하였다. 참석자는 교장, 교감, 각 반 담임, 전담 교사, 특수, 영양, 보건교사가 참석한다. 즉 '교원'이라면 모두 참석하여 회의하는 것이다. 먼저 간단한 업무전달이 이루어졌다. 학기 초에 이루어지는 평가 계획이나 교실 환경 정리, 나이스 작업, 동료장학에 대한 이야기가 이루어졌다. 동료장학을 위해서는 교사들이 각자 수업공개를 하고 다 함께 그 수업에 대한 고민을 나눈다. 동료장학에 대해서는 연구부장 선생님께서 회의를 진행하셨다.

연구부장 작년에는 동료장학을 한 달에 한 분씩 했었는데요. 혹시 별 무리가 없다면 올해도 그렇게 진행하면 어떨까요?

임 교사 좋습니다. 순차로 돌아가면서 하니 선생님들의 부담 없이 한 수
업에 대한 깊은 논의가 이루어질 수 있었던 것 같아요.

연구부장 다른 의견 없으시면 4월부터 동료장학이 이루어질 수 있도록 순
서를 정해볼까요?

　전문적 학습 공동체 모임에서 다루는 동료장학은 다음과 같이
이루어진다.

〈동료장학의 과정〉

1. 동료장학협의는 사전, 사후 협의로 두 번 이루어진다.
2. 사전협의에서 수업자는 수업할 차시의 지도안 또는 교과서, 지도서 등을
   준비한다.
3. 참관자는 수업자의 수업에 대해 의견을 제시한다.
4. 사전협의 내용을 바탕으로 수업자는 수업을 설계하여 수업하고 참관자는
   자신의 수업에 방해되지 않는 선에서 참관한다.
5. 사후협의에서 해당 수업에 대한 배움이 제대로 일어났는지 협의한다.
6. 수업순서는 4월-3학년, 5월-4학년, 6월-5학년, 7월-6학년, 9월-2학년, 10
   월-1학년, 11월-전담, 12월-특수반의 순서로 이루어진다.
7. 3~6학년 수업은 되도록 AI 교육과 연관된 내용으로 설계한다.

　특히 7번 항목은 미래초등학교가 AI 교육 선도학교이기 때문에
동료장학을 기회로 삼아 AI 교육을 선생님들이 논의하고 설계해볼
수 있도록 이 교사가 건의했다. 다른 선생님들도 생소한 AI 교육
분야를 전문적 학습 공동체 모임에서 같이 수업 설계를 하면 부담
도 덜할 것으로 생각해서 흔쾌히 동의했다. 업무 전달 사항이 끝
난 후 선생님들은 자신의 반 학생들의 이야기를 자유롭게 나누었

다. 몇몇 선생님들께서는 3월 초 바쁜 업무처리를 위해 자리를 일찍 뜨고 이수빈 선생님도 퇴근 준비를 위해 자리를 정리했다.

3월의 몇 주가 빠르게 지나가고 새로운 학교에 이제 거의 적응되어 여유로운 오후 시간을 보내고 있을 때였다. 6학년 교실 문을 노크하는 소리가 들렸다.

"똑똑."

이 교사   네, 들어오세요.

3학년 박소현 선생님과 5학년 김다희 선생님이셨다. 두 선생님은 작년에 같이 한 해를 보내고 비슷한 또래라 금세 친해진 모양이었다.

이 교사   어쩐 일이세요? 두 분이 함께 오시고?

김 교사   선생님께 뭐 좀 여쭈어보려고요. 안 바쁘시죠?

이 교사   네, 보시는 것처럼 아주 여유롭습니다. 제가 도움이 되려나요?

김 교사   당연히 도움이 되죠. 우리 학교 AI 교육 담당이시니까요! 다른게 아니고 박소현 선생님이 다음 주 전문적 학습 공동체 모임에 지도안을 써야 하잖아요. 그래서 공개수업이 이루어지는 날에 맞춰 과목과 차시는 정했는데 AI 교육과 관련되게 수업을 잘 구성하지 못하겠어요.

이 교사   무슨 과목이랑 차시를 생각하고 계시는데요?

박 교사   저는 과학 교과의 1단원《과학자는 어떻게 탐구할까요.》에서 4

차시 〈과학자는 어떻게 분류할까요.〉를 생각하고 있어요. 나머지 실험이 많은 단원은 연구 선생님께서 수업해주시고 저는 실험이 간단한 1단원과 배추흰나비를 키우며 관찰해야 하는 3단원을 맡게 되었거든요.

미래초등학교의 유일한 전담 교사인 연구부장 선생님은 과학, 체육, 도덕 수업을 담당하고 있었다. 대신 3~6학년의 과학, 체육, 도덕 교과를 모두 수업하기에는 너무 시수가 많아져 과학 교과 주당 3시간 중 2시간은 전담인 연구부장 선생님이 수업하고 1시간은 담임 선생님이 수업하도록 짜여있었다.

이 교사 분류하기가 주된 수업주제겠네요? 교과서 활동은 어떤 활동으로 되어 있어요? 한번 같이 볼까요?

박 교사 이 차시는 공룡 카드로 무리 짓기를 해보면서 학생들이 분류 방법을 찾아봐요. 대상의 공통점이나 차이점을 찾고 분류기준을 정하는 거죠. 저희 반 남학생들이 공룡을 무척 좋아해서 일부러 이 차시를 골랐어요. 그리고 분류하는데 필요한 기준을 정하는 것을 AI 활동과 연관 지을 수 있을 것 같기도 하고요.

이 교사 충분히 가능하겠는데요? 학생들이 공룡을 분류하면서 충분히 분류기준에 대해 학습할 수 있을 것 같아요. 그런데 중요한 건 공룡뿐만 아니라 다른 예시에서도 자신이 분류기준을 정해보면 좋을 것 같은데요. 혹시 'code.org'라는 사이트 아세요?

박 교사 네. 작년에 소프트웨어 수업을 할 때 들어가 본 것 같아요.

이 교사 맞아요. 지금까지는 소프트웨어 교육을 위한 교육 자료들 위주로 있었는데 이번에 한 번 들어가 보니 AI 교육과 관련된 내용도 업데이트되었더라고요. 그 내용 중에 '바다환경을 위한 AI'를 한 번 이용해보면 좋을 것 같아요. 사실 6학년 학생들과 같이 환경과 관련된 수업을 할 때 이용해볼까 하고 있었거든요. 그런데 3학년 과학에서 분류하기와 관련해서도 충분히 유용하게 이용할 수 있을 것 같아요.

김 교사   오. 역시 AI 교육 담당 선생님이시군요. 어떻게 하는 거죠? 한 번 보여주세요.

▶ code.org AI 예시 화면

이 교사   먼저 이렇게 물고기와 쓰레기 카드를 분류하는 거예요. 인간은 그냥 눈으로 보면 쉽게 구분하지만 '만일 이것을 컴퓨터가 한다면?' 하고 생각해보는 거죠. 학생들은 쓰레기와 물고기를 분류하며 자연스레 분류 기준을 생각할 수 있을 것 같은데요?

박 교사   아, 그러면 물고기가 되기 위해서는 어떤 기준이나 특징이 있어야 하는지 생각할 수 있을 것 같네요. 예를 들어 '물고기는 눈이 있어요. 지느러미가 있어요. 몸통이 있어요.' 같은 기준을 말할 수 있겠네요.

김 교사 동시에 쓰레기는 눈도 지느러미도 몸통도 없으니 물고기가 아니라고 판단하겠네요.

이 교사 맞아요. 이런 과정을 하나하나 가상의 로봇에 학습시키는 형식으로 하니까 학생들도 재미있게 참여할 수 있을 것 같아요. 5, 6학년이라면 게나 수달 같은 동물도 제시하면서 예외적인 상황을 만들어 학생들이 좀 더 생각해보게도 할 수 있는데 3학년은 그 정도까지 하지 않아도 될 것 같아요.

김 교사 사이트 보니까 진짜 환경의 날 계기 교육 자료로 활용해도 좋을 것 같은데요?

이 교사 그렇죠? 안 그래도 환경의 날이 좀 많이 남았지만 생각난 김에 환경의 날에 6학년 학생들하고 한 번 해보려고 학습지도 만들었어요.

김 교사 선생님, 설마 정 없게 6학년 학생들에게만 사용할 건 아니죠? 보니까 우리 5학년들도 충분히 해볼 수 있을 것 같은데요?

이 교사 네네, 아무렴요. 당연히 보내드려야죠.

김 교사 앗싸~ 박 선생님 덕분에 나도 자료 받았네요. 역시 사람은 마음씨를 곱게 써야 하나 봐요.

박 교사 고맙습니다. 정말 두 분 덕분에 이제 좀 어떻게 수업할지 감이 잡히는 것 같아요. 올해 첫 공개수업이라 부담되었는데 선배님들 덕분에 국밥 먹은 것처럼 든든하네요.

다음 주 박소현 선생님은 교과서 공룡 분류하기와 '바다환경을 위한 AI'를 적용하여 재미있는 지도안을 만들어와 사전 협의회를 가졌다. 수업의 흐름은 좋지만, 스마트기기에 익숙하지 않은 학생들의 조작 미숙함 등이 우려되는 사안이라 사전지도를 하면 좋겠다는 의견이 나왔다. 여러 선생님과 함께 협의하며 세세한 부분들은 고쳐나갔지만 큰 틀은 수정 없이 진행해도 무리가 없을 것 같다는 결론으로 협의회를 마쳤다. 남은 시간에는 동료장학 참관 방법에 대해 논의를 했다. 전체적인 수업을 보는 것도 좋지만, 학생 수가 적다 보니 각 학생의 배움이 잘 일어나는지 심도 있게 관찰해 보자는 의견이 나왔다. 그도 그럴 것이 3학년은 4명이라 만일 전 교사가 참관하면 학생 수의 거의 2배가 된다. 한 명의 담임 선생님이 파악하기에도 충분하지만, 개개의 선생님들이 자신만의 시각으로 학생들을 관찰하면 담임이 파악하지 못했던 학생들의 장단점들을 파악할 수도 있을 것이다.

이 교사가 이제껏 해온 동료장학은 주로 선생님들의 수업기술이나 배움 목표 도달 방식이 무엇인지 분석하는 느낌으로 이루어졌다. 이 방법은 서로서로 평가하는 듯한 느낌이 강해 민망하거나 껄끄러운 면도 있었다. 하지만 이번에는 학생 개개인의 배움 도달도 파악에 유념하여 참관한다고 하니 이전의 참관방식에 비해 교육의 본질에 더욱 다가가는 듯했다. 역시나 모든 선생님께서 바뀐 동료장학 방식에 동의했고, 수업 준비를 하신 박소현 선생님께 격려의 말을 건네며 하나둘 자리를 일어섰다.

읽을거리

◎ AI 윤리적 사용

인공지능을 어떻게 사용하느냐에 따라서 이롭게 사용될 수도 있고 해롭게 사용될 수도 있습니다. 인공지능을 사용할 때는 사용 목적을 바로 설정하고 책임감 있게 사용해야 합니다.

인공지능을 사용하는 원칙에 대해서 많은 논의가 진행되고 있습니다. 대표적인 예로 유네스코에서 준비 중인 AI 윤리에 대한 권고안, 아이작 아시모프의 로봇 3대 원칙 등이 있습니다.

◎ 유네스코 AI 윤리에 대한 권고안

〈6가지 12원칙〉

- 6가지: 존엄성, 인권 및 자유, 소외로부터의 자유, 조화로운 삶, 신뢰 가능성, 환경보호
- 12원칙: 인간과 인간의 번영원칙, 비례성원칙, 인간의 관리감독 및 결정의 원칙, 지속 가능성 원칙, 다양성 및 포용성 원칙, 개인정보보호원칙, 인식 및 교육원칙, 다중이해관계자 및 적응형 거버넌스원칙, 공정성 원칙, 투명성 및 설명 가능성 원칙, 안전 및 보안원칙, 책임 및 책무성원칙

◎ 아이작 아시모프의 로봇 3대 원칙

1. 로봇은 인간에게 해를 가하거나, 또는 행동을 하지 않음으로써 인간에게 해를 끼치지 않는다.
2. 로봇은 첫 번째 원칙에 위배되지 않는 한 인간이 내리는 명령에 복종해야 한다.
3. 로봇은 첫 번째와 두 번째 원칙을 위배하지 않는 선에서 로봇 자신의 존재를 보호해야 한다.

바다환경을 위한 AI

01 | 'https://code.org/oceans'에 접속하여 를 클릭합니다.

02 | 1단계에서는 머신러닝이 무엇인지에 대한 영상을 시청할 수 있습니다. 다음
으로 넘어가려면 계속하기 를 클릭합니다.

03 | 2단계에서는 물고기와 쓰레기를 구분하여 인공지능을 학습시키는 활동이 나옵니다. 화면의 아무 곳을 클릭하여 진행합니다.

04 | 활동과 AI에 대한 설명을 볼 수 있습니다.

05 | 사진을 보고 물고기는 ✔ 물고기 를 클릭하고, 쓰레기일 경우 Ⓝ 물고기 아님 을 클릭하여 AI를 학습시켜 봅니다.

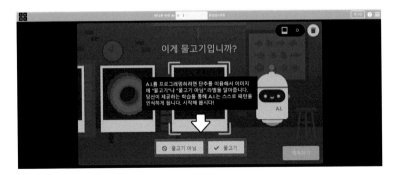

06 ㅣ 활동 진행 중에 바다 환경에 대한 설명을 볼 수 있습니다. <kbd>계속하기</kbd> 버튼을 클릭하여 진행합니다.

07 ㅣ 학습을 많이 시킬수록 AI가 더욱 정교해집니다.

08 ㅣ 30회 이상 학습하면 <kbd>계속하기</kbd> 를 클릭하여 다음 단계로 넘어갈 수 있습니다. 원할 경우 학습을 더 진행할 수 있습니다.

09 | 학습한 결과를 확인하기 위해 화면의 아무 곳을 클릭하여 진행합니다.

10 | 학습 시킨 AI에 대한 설명을 보면서 진행합니다.

11 | ▶ 실행 버튼을 클릭하여 결과를 확인합니다.

12 |  와 ◯ **물고기 아님** 을 학습한 AI가 쓰레기를 구분하는 장면이 나옵니다.

13 | 진행하다 보면 물고기가 아닌 것이 물고기라고 나오는 경우가 있습니다. 이는 학습된 데이터가 부족하기 때문입니다. **계속하기** 를 클릭합니다.

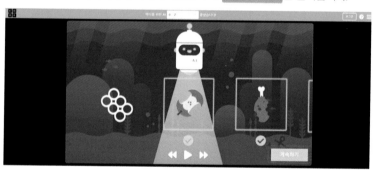

14 | 오른쪽 상단의 아이콘을 클릭하여 ✔물고기로 구분된 것과 ◯ 물고기 아님으로 구분된 것을 확인할 수 있습니다. 정확하지 않은 데이터가 있는 경우 **학습더하기** 를 클릭하여 데이터의 양을 늘립니다. **계속하기** 를 클릭하여 다음 단계를 진행할 수 있습니다.

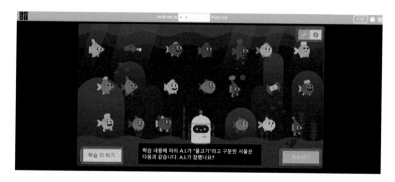

15 | 3단계에서는 지금까지 학습시킨 AI에 대한 특징이 나옵니다. 화면의 아무
곳을 눌러 진행합니다.

16 | 현재 학습된 AI로는 물고기가 아니면서 쓰레기가 아닌 것을 구별하지 못합
니다.

17 | ▶ 실행 을 클릭하여 AI 학습에 대해 좀 더 알아봅니다.

04. 인공지능 학습시키기: 바다환경을 위한 AI

18 | AI 학습 과정 중에서 앞의 활동에서 고려하지 못한 내용이 나옵니다.

19 | AI를 활용하기 위해서는 다양한 데이터의 학습이 필요합니다.

20 | 4단계에서는 ⊘ **아니오** , ✔ **예** 를 클릭하여 바다 생물에 대해 학습시 킵니다. 일정 수의 데이터가 학습된 후에 **계속하기** 를 클릭합니다.

21 |  버튼을 클릭하여 학습 결과를 확인합니다.

22 | 학습량이 부족할 경우 **학습더하기** 를 클릭하여 학습을 진행합니다. **계속하기** 를 클릭하여 다음 단계를 진행할 수 있습니다.

23 | 5단계에서는 양질의 데이터와 편향에 대해 설명하는 동영상이 나옵니다. 6 단계에서는 새로운 패턴을 학습시키는 활동이 나옵니다. 학습을 원하는 패턴을 하나 선택합니다.

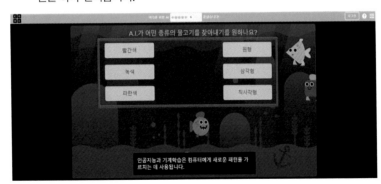

04. 인공지능 학습시키기: 바다환경을 위한 AI

24 | AI에 빨간색 패턴을 학습시키길 원할 경우 물고기가 ⊘ 빨간색 아님 인지 ∨ 빨간색 인지 클릭하여 학습합니다. 학습이 완료된 후에는 계속하기 를 클릭하여 결과를 확인합니다.

25 | 학습된 결과를 확인하면서 오른쪽 상단의 ⓘ 아이콘을 클릭하여 AI가 어떻게 분류했는지 확인할 수 있습니다. **학습더하기** 를 클릭하여 데이터를 학습시키거나 계속하기 를 클릭하여 다음 단계로 진행할 수 있습니다.

26 | 7단계에서는 AI가 사회에 미치는 영향에 대한 동영상을 시청할 수 있습니다. 8단계에서는 AI에 개인적인 판단이 들어가는 단어에 대한 학습을 진행합니다.

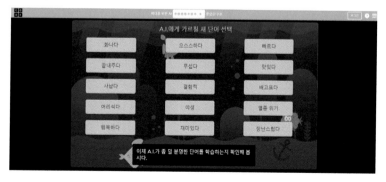

27 | 원하는 단어를 선택합니다.

28 |  계속하기 를 선택할 경우 물고기를 보고 ⊘ 행복하다 아님 인지 ✔ 행복하다 인지 판단하여 클릭합니다.

29 | 중간중간 개인적인 판단이 들어가는 데이터의 문제점에 대해 생각해볼 수 있는 질문이 나옵니다.

30 |  계속하기 버튼 및 ▶ 실행 버튼을 클릭하여 학습한 결과를 확인해 볼 수 있습니다.

31 | 분류 결과를 확인하고 학습이 더 필요할 경우에는 학습 더 하기, 다른 단어를 선택하여 학습 및 분류하고 싶을 때는 새 단어, 활동을 마치길 원할 경우에는 마침 버튼을 클릭합니다.

32 | 모든 활동을 완료하고 나면 나의 이름을 입력하고 수료 증서를 내려받을 수 있습니다.

바다 환경을 위한 AI

( )학년 ( )반 ( )번

이름:

◇ 환경의 날에 대해 검색 한 후 빈칸을 채워봅시다.

〈 세계 환경의 날 〉

1972년 6월 ( ) 스톡홀롬에서 열린
"( )인간환경회의"에서 국제 사회가 지
구 환경 보전을 위해 공동노력을 다짐하며
제정한 날로, 매년 ( )월 ( )일이다.

바다 환경을 위한 AI (code.org/oceans)

바다에 버린 쓰레기는 해양 생물에 영향을 미칩니다. 이번 활동에서는 AI가 물고기나
쓰레기를 알아보도록 프로그래밍하고 학습시켜보았습니다. AI는 사물이 물고기인지 쓰
레기인지 알지 못하지만, 이미지를 처리해 패턴을 구분할 수 있습니다. 사용자가 이미
지에 달아준 "물고기" 또는 "물고기 아님" 라벨을 학습하여 AI는 패턴을 인식하게 되었
습니다.

이렇게 물고기를 인식할 수 있는 AI로봇을 바닷속에 투입하면 어떤 일이
일어날까요?
AI가 지구의 환경을 위해 할 수 있는 다른 일은 무엇이 있을지 생각하며
"바다 환경을 위한 AI"를 학습해본 소감을 적어봅시다

_____
_____
_____
_____
_____

동작 인식 AI

: 무브미러

학급 수가 많으나 적으나 모든 초등학교의 공통점이 있다. 그건 바로 왁자지껄하는 학생들의 떠드는 소리다. 이 교사는 쉬는 시간 학생들의 소음에 대해서 허용적인 편이다. 어느 정도의 소음은 학생들이 활기차다는 증거이기도 하기 때문이다. 특히 체육수업 전후로는 그 활기참 정도가 유독 더하다. 오늘도 우리 6학년 1반 학생들은 즐거운 체육시간을 보낸 모양이다. 말만 하는 것이 아니라 온갖 포즈를 취하며 깔깔거리며 웃고 있었다.

학생1   희주야, 아까 너 동작 그건 너무 어려웠어. 어떻게 했었지? 이렇게 했었나?

학생2   아니야. 그 정도는 아니었어. 근데 너 몸 진짜 유연하다. 오징어 같아. 이렇게 해봐! 안 돼?

체육 수업: 표현 활동

학생1	안 되는데…. 도대체 서윤이랑 현수는 어떻게 이런 동작을 따라 한 거야?
학생3	나는 동작을 똑같이 했는데도 컴퓨터가 다르다고 인식하더라고?
학생1	그러게 거의 똑같았는데! 도윤이 네가 한 동작에는 다른 사진을 띄워주더라?
학생3	그렇지? 나만 그렇게 느낀 거 아니지?
학생1	그렇긴 해도 그것도 게임의 일부니까. 너무 속상해하지는 말고.
학생2	응, 속상하지 않아. 이번 체육 시간 재미있었어!
학생1	얘들아, 오늘 체육 시간에 했던 수업, 우리 수업 시간에도 하자고 선생님께 말씀드리자.
학생3	그래. 희주야, 네가 가서 선생님께 말 해봐.

아이들은 말솜씨 좋은 희주를 앞세워 이수빈 선생님의 책상으로 다가가 슬쩍 운을 뗐다.

학생1	선생님~ 오늘 체육 시간 진짜 재미있었어요!
이 교사	여러분 체육 시간은 늘 즐거워하잖아요.
학생2	오늘은 더 재미있었어요! 체육 선생님이 가져오신 노트북 카메라를 보면서 똑같은 포즈 취하는 활동을 했는데요. 신기하게 컴퓨터가 제 동작을 인식하더라고요!
이 교사	네? 게임 같은 거예요?
학생2	게임 비슷한데요, 동작을 취하면 컴퓨터가 같다고 인식한 사진을 보여주는 거예요. 그런데 조금만 다르게 움직여도 다른 사진을 보여줘서 최대한 앞사람과 같은 사진이 나오도록 하는 놀이였어요.

이 교사   앞사람만 따라 하면 그리 어렵지는 않았을 것 같은데요?

학생2   아니에요. 생각보다 이 기계가 민감해서 최대한 비슷한 동작을 해야 했어요. 잘못된 동작을 하면 다른 사진을 띄워줬거든요. 그리고 제가 좀 애들이 따라 하기 어려운 동작을 했죠. 이렇게요!

희주는 선생님에게 체육 시간에 취했던 동작을 하며 보여주었다.

이 교사   와, 어렵네요. 이걸 따라 하라 했다고요? 따라 한 사람이 있어요?

학생1   그럼요! 현수랑 서윤이는 똑같이 해서 같은 사진이 띄워졌는걸요?

이 교사   지금 보니 따라 한 현수랑 서윤이가 더 대단한 것 같은데요? 말 들어보니 재미있었겠네요. 그럼 이렇게 한 건가요?

〈무브미러를 활용한 체육 표현활동 수업〉

1. 무브미러를 실행하고 카메라 앞에서 특정 동작을 취한다.
2. 동작에 맞는 사진이 화면에 감지된다.
3. 다음 사람이 똑같은 동작을 취하고 같은 사진이 나오면 점수를 얻는다.
4. 만일 실패하면 다시 한 번 도전한다.
5. 성공한 사람은 자신만의 동작으로 바꾸어 친구들이 도전할 수 있도록 한다.
6. 학생 수나 모둠의 구성, 학급여건에 맞추어 여러 팀이 동시에 수행하도록 할 수도 있다.

학생2   네, 맞아요! 그렇게 했어요.

이 교사   오호 신기한데요? 어떤 프로그램을 쓰신 거지? 선생님도 한 번 해보고 싶은데, 어느 사이트 들어갔었는지 기억나나요?

학생1   네, 당연하죠. 구글 검색창에 '무브미러'라고 치고 들어가면 돼요.

이 교사는 자신의 노트북을 학생에게 건네주며 물어보았다. 아이는 검색창에 '무브미러'를 검색해 들어갔다. 해당 사이트에 들어가 보니 예전에 연수에서 무브미러에 대해 들었던 기억이 났다. 무브미러는 학생들이 하는 행동이 즉각적으로 피드백되기 때문에 연수를 들으면서도 활용 가치가 높을 것으로 생각했던 사이트였다. 연수 때도 생각했지만, 몸으로 움직이면서 학생들이 먼저 AI 기술을 체험할 수 있어서 개학하면 꼭 사용해봐야겠고 생각했다. 마침 연구부장 선생님으로부터 교내 메신저로 쪽지가 왔다.

제목	수업 자료 보냅니다
보내는 사람	연구부장(과학, 체육, 도덕 전담)
받는 사람	이수빈(6학년)
내용	선생님~ 오늘 6학년 학생들과 체육 수업했던 사진입니다. 무브미러라는 사이트를 활용해서 수업했는데 학기 말에 AI 교육 선도학교 보고서 작성하실 때 사용하면 좋을 것 같아서 보내요^^

▶ 무브미러를 활용한 수업 장면

이 교사는 이렇게까지 신경을 써주시다니 감사하다는 말과 함께 아이들이 아직도 무척 즐거워하고 쉬는 시간 내내 체육 수업내용만 이야기한다고 답장하고 다음 시간 수업을 준비했다.

점심시간, 급식을 마치고 가정통신문을 가지러 교무실에 들렀다. 마침 교무실에는 강동훈 연구부장 선생님이 앉아계셨다.

이 교사 선생님, 오늘 체육 수업 아이들이 엄청 재미있어하던데요?

연구부장 그래요? 안 그래도 한번 해볼까 해볼까 생각만 하다가 드디어 준비해봤는데 아이들이 재미있어해서 다행인 거 같아요.

이 교사 안 그래도 저도 무브미러 사이트를 활용한 수업을 하면 어떨까 고민하고 있었는데 체육 표현영역에 활용하니 딱 맞는 것 같네요.

연구부장 사용법도 어렵지 않아서 3, 4, 5, 6학년 모두 표현활동 도입 부분에 사용하려고요. 몸을 쓰기 위한 준비 활동에 사용하니 학년 구분 없이 쓸 수 있어서 좋아요.

이 교사 아이들이 너무 재미있어해서 제 수업에도 한 번 활용하고 싶은데, 활용할만한 과목이나 차시 같은 게 있을까요?

연구부장 있죠! 저도 수업 준비하다가 문득 생각 난 건데 영어, 음악 수업에 활용할 수도 있겠더라고요.

이 교사 영어 수업이요?

연구부장 네. 영어를 어려워하는 학생들이 많잖아요. 우리 학교가 또 시골이다 보니 학원도 없고, 그래서 학생들 절반 정도는 영어 부진이거나 흥미도 없고요. 이런 친구들에게는 TPR(Total Physical Response)교수법을 활용해서 영어 문장에 맞는 행동을 하도록 하면 어떨까? 싶었어요.

이 교사 아. 예를 들어 Sit Down이면 앉는 동작을 하고 그 동작을 무브미러 사이트에서 보여주는 식으로 하면 되겠네요. 음악 수업에서는 어떻게 활용할 수 있을까요?

연구부장 음악 과목은 음악에 맞춰 표현하기 내용을 움짤(움직이는 사진, 동영상 사진)로 만들어 표현해보면 어떨까요? 친구들 앞에서 표현하기 어려운 친구들도 있잖아요. 무브미러 기능 중에는 여러 가지 동작을 연결해서 움짤처럼 gif 파일로 만들어주는 기능도 있거든요.

이 교사 꿀팁 감사합니다! 애들이 하도 또 하고 싶다고 해서 어떤 식으로 할까 고민했는데 마땅한 방법이 잘 안 떠오르더라고요. 저는 교과랑 연관 지어서는 생각 못 하고 모둠원들이 무브미러 프로그램 앞에서 동작을 취해서 모두 같은 사진을 띄우는 협동력 증진 게임을 생각했었어요.

연구부장 그것도 재미있겠는데요? 4명 정도의 모둠원들이 동시에 동작을 취해서 같은 사진을 빨리 띄우는 모둠이 포인트를 갖는 방식으로 해서 수업에 활용할 수 있을 것 같아요. 아까 말했던 영어 수업에서 지문을 듣고 같은 동작을 취한다거나 국어 시간에 인상 깊은 장면을 몸으로 표현하기 같은 활동도 하면 재미있을 것 같은데요?

이 교사 그러네요. 확실히 몸으로 표현하는 활동에서 다양하게 쓰일 수 있겠어요. 이렇게 무브미러에 대해 이용하다 보면 엔트리에서 이런 비슷한 프로그램을 코딩할 수도 있을 것 같고요.

연구부장 엔트리에서 이런 AI 관련된 코딩도 가능해요?

이 교사 네. 엔트리가 업데이트하면서 AI 코딩과 관련된 많은 프로그램을 업데이트했더라고요.

연구부장 아 코딩이라 하면 뭔가 어려운 느낌이라 그런 게 있는지도 몰랐네요.

이 교사　블록코딩 기반이라 그리 어렵지는 않을 거예요. 아무튼 선생님
　　　　덕분에 수업아이디어도 많이 얻고 보고서에 사용될 사례도 하
　　　　나 건졌네요. 감사합니다!

연구부장　아뇨 뭘요. 6학년 아이들이 잘 따라 해줘서 잘 끝난 것 같아요.
　　　　사실 살짝 걱정했었는데!

　　연구부장 선생님과 이야기를 마치고 교실로 올라오니 대부분의
아이들은 운동장에 나가 놀고 있었다. 마침 아무도 없는 틈을 타
이 교사는 무브미러를 실행해서 영어 시간에 쓰일 동작과 명령어
들을 골라가며 동작을 취해보았다. 아이들에게는 이렇게 동작을
연습하는 것을 들키면 민망할 테니 말이다.

읽을거리

◎ 동작 인식의 원리

　머신러닝을 통해 수백만개의 이미지를 활용하여 인공지능 신경망
알고리즘을 학습시켜 이미지 인식 AI를 개발합니다. 손, 팔 등 관절을
인식하여 점을 찍고 선으로 연결하여 몸의 움직임을 인식합니다.

|||||||||| 무브미러(move mirror) ||||||||||

01 | 'https://experiments.withgoogle.com/collection/ai/move-mirror/view/ mirror'에 접속합니다.

02 | NEXT 를 클릭하여 진행합니다. AI는 한 사람만 인식할 수 있습니다.

03 ｜ AI가 인식한 내 동작과 비슷한 동작의 사람이 오른쪽에 나타납니다. 설명을 넘기고 바로 활동으로 넘어가고 싶으면 SKIP TUTORIAL 을 클릭합니다.

04 ｜ 　Make a GIF 　를 클릭하여 GIF파일의 짧은 영상을 만들 수 있습니다. NEXT 를 클릭하면 동작을 인식하는 화면이 나옵니다.

05 | 카메라 사용권한을 허가하면 화면에 내 모습이 나타납니다. 내 동작을 인식하고 비슷한 동작의 사진이 오른쪽에 나타나는 것을 확인할 수 있습니다. **Start Recording** 을 누르면 내 움직임과 비슷한 동작의 사진이 나타나는 짧은 영상을 만들 수 있습니다.

06 | 만들어진 GIF파일의 짧은 영상은 '**download**'를 클릭하여 내려받을 수 있습니다.

알맞은 동작을 찾아라

◇ 〈보기〉의 동작과 같은 동작으로 인식될 수 있는 실루엣을 모두 찾아
    ○ 하세요.

〈보기〉

◇ 무브미러에서 〈보기〉의 동작을 인식하면 보기와 비슷한 이미지의 동
    작이 나올까요?
    무브미러를 통해 직접 동작 인식을 해본 후 간단한 소감을 적어봅시다.
    사람들 대신 바닷속을 청소할 수 있다.

_____

_____

_____

데이터를 표로 나타내기
: 엔트리 데이터 분석

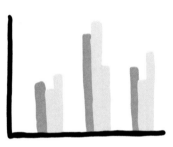

이 교사　여러분! 오늘 창의적 체험활동 수업과 수학 수업은 컴퓨터실에서 할 거니까 중간놀이 시간 마치고 컴퓨터실로 오세요.

학생 1　와~!

학생 2　선생님 오늘 뭐 해요? 왜 컴퓨터실로 가요?

이 교사　컴퓨터로 우리 반 자료 좀 만들어 볼 거예요.

학생 3　아싸! 그럼 먼저 가 있어도 돼요?

이 교사　그래요. 먼저 가 있어도 됩니다.

'교육과정 재구성'이라는 말을 모르는 선생님이 있을까? '교육과정 재구성'은 현직 교사라면 일상적으로 접하게 되는 단어일 것이다. '교육과정 재구성'이 초임 교사 때는 막막하고 어렵게만 느껴졌다. 하지만 경력이 쌓이면 쌓일수록 사실 그렇게 거창한 것은 아니라는 생각이 들었다. 모든 선생님은 이미 교육과정을 재구성하여 매시간 수업에 응용하고 있다. 전국에 있는 학생, 선생님의 수준이나 생각은 모두 다르다. 수업하면서 학생들이 어려워하는 반응을 보이면 선생님들은 자연스레 좀 더 쉽게 설명하려고 노력한다. 교수 방법도 선생님마다 다른 노하우가 있기 때문에 모든 수업에서 교육과정 재구성이 일어난다고 볼 수 있다.

올해 이 교사는 조금 더 신경 쓴 교육과정 재구성을 준비했다. 바로 수학과 창의적 체험활동 과목의 교과 간 융합이다. 교육과정을 재구성하기에 가장 편한 과목이 창의적 체험활동 시간이다. 교과서 수업은 명확한 성취기준과 학습 목표 등이 존재하지만, 창의적 체험활동 과목은 어느 정도 자유로운 측면에 속했다.

창의적 체험활동을 수학과 함께 융합해야겠다고 마음먹은 계기가 있었다. 바로 과학 시간에 실험 결과를 바탕으로 막대그래프와 꺾은선그래프를 그려야 하는데 제대로 된 그래프를 그리는 학생들이 거의 없었다. 특히 눈금 한 칸이 무조건 1씩 증가한다는 오개념을 가진 학생들이 대부분이었다. 그렇다고 수학 시간에 4학년 때 배운 막대그래프를 다시 가르쳐 주기도 애매했다. 안 그래도 수학 시간은 학생 간 수준 차이가 커서 계획했던 진도대로 수업을 진행하기에도 빡빡하기 때문이다. 그렇다고 학습 결손이 일어난 부분을 그대로 넘어가기도 찝찝해서 작년 아이들의 담임이었던 김다희 선생님께 아이들에 대한 이야기를 들었다.

6학년 아이들은 착하고 교우관계에도 무리가 없지만, 수학에 부진이 있는 학생들이 몇 명 있다는 이야기를 들었다. 고민 끝에 이 교사는 창의적 체험활동 시간 중 AI 교육 활동 시간으로 배정된

시간을 이용하기로 하였다. 그 시간에는 엔트리 프로그램을 이용하기로 계획했다. 엔트리에는 데이터값만 입력하면 원하는 그래프를 만들어 주도록 코딩할 수 있다. 앞으로 비와 비율을 배운 뒤에는 띠그래프, 원그래프 등이 나오게 된다. 지금 학습 결손이 일어난 부분을 메꾸지 못하면 소위 말하는 초등학생 '수포자(수학을 포기하는 자)'가 대량으로 양성될 노릇이었다.

초등학교 교육과정에 나오는 그래프는 그림그래프, 꺾은선그래프, 막대그래프, 원그래프, 띠그래프가 있다. 그래프의 입문단계에 해당하는 그림그래프와 막대그래프 수업까지는 학생들이 쉽게 잘 따라왔다. 하지만 다양한 그래프를 그려보면 조금씩 어려움을 느끼는 학생들이 생기게 된다. 특히 4학년 때 배우는 막대그래프, 꺾은선그래프에서 눈금 한 칸의 크기를 아는 것이 가장 어렵게 느낄 수 있는 부분이었다. 꼼꼼하지 않거나 마음이 급한 학생들은 문제도 제대로 읽지 않고 눈금 한 칸의 단위를 '1'이라고 생각하는 경우가 많기 때문이다.

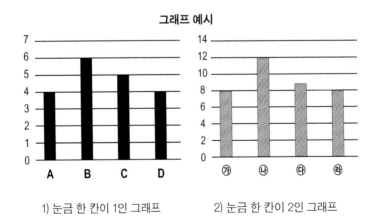

그래프 예시

1) 눈금 한 칸이 1인 그래프   2) 눈금 한 칸이 2인 그래프

06. 데이터를 표로 나타내기: 엔트리 데이터 분석

1)번 그래프와 같은 경우에는 해당 눈금을 읽는 것을 어려워하지 않는다. 하지만 2)번 그래프의 경우 한 칸이 '1'이 아닌 '2'만큼의 눈금을 나타내는데 눈금의 수를 인식하지 않고 말하는 경우 ㉒의 값을 5로 읽거나 ㉓의 값을 4로 읽는 경우가 많았다.

이렇게 꺾은선그래프, 막대그래프를 모를 경우에는 이후에 나올 원그래프, 띠그래프 또한 제대로 그리지 못할 것이다. 그래서 이 선생님은 창의적 체험활동 시간을 활용하여 막대그래프와 꺾은선그래프를 복습할 겸 엔트리를 활용한 AI 수업을 구상하였다. 엔트리의 데이터 분석기능을 활용하면 몇 가지 장점들이 있다.

첫째, 학생들이 쉽게 데이터를 분석하고 시각화할 수 있다. 그래프를 읽을 줄 알아도 그리기 어려워하는 학생들의 거부감을 줄이고 학습 시간을 단축할 수 있다.

둘째, 엔트리와 연계한 프로젝트 학습이 가능하다. 단순히 조사한 수치를 '테이블'에 입력하기만 할 수도 있지만, 고학년생들은 해당 그래프를 활용한 다른 코딩 프로그램을 만들 수도 있다. 여기서 '테이블'은 분석한 데이터를 입력한 표를 말한다. 엔트리 내에서 데이터 분석을 하기 위해서는 반드시 테이블이 필요하다. 테이블은 쉽게 말해 데이터를 표로 옮겨놓은 것으로 생각하면 된다. 일반 표에서는 각각의 정확한 수치는 알 수 있지만 한눈에 각 수치를 비교하기 어렵기 때문에 차트(=그래프)를 이용한다. 엔트리에서는 막대그래프, 선그래프, 원그래프, 점그래프, 히스토그램의 5가지의 그래프로 표현할 수 있다. 즉 막대그래프, 꺾은선그래프, 원그래프를 엔트리 상에서 구현 가능한 것이다. 오늘은 이 기능으로 학생들에게 막대그래프, 꺾은선그래프 내용을 다시 한 번 상기시켜 주려고 한다.

컴퓨터실로 모인 학생들은 벌써 컴퓨터 앞에 앉아 저마다 인터넷 세상에 빠져 집중하고 있었다. 이 교사는 학생들에게 오늘 학습할 자료를 전달하기 위해 프린트물을 나눠주었다.

이 교사　자, 이제 하던 프로그램들은 종료하고 선생님이랑 같이 수업을 해볼까요? 잠시 앞을 봐주세요. 오늘은 엔트리로 간단한 프로그램을 하나 만들어볼 거예요. 혹시 엔트리에 대해 알고 있는 사람 있나요?

이 교사의 물음에 학생들은 관심이 생긴 듯 곧바로 자세를 고쳐 앉고 대답했다.

학생 1　네. 작년에 창의적 체험활동 시간에 해봤어요. 그리고 현수는 교육청 소프트웨어 영재반에도 다니고 있는걸요?

이 교사　맞아요. 현수는 소프트웨어 영재반에 다니고 있죠? 엔트리로 뭘 해봤는지 기억나는 사람 있나요?

학생 2　예전에 엔트리로 로봇청소기 코딩도 해봤어요.

학생 3　엔트리 사이트에서 다른 사람들이 만든 게임 해봤어요.

이 교사　그렇군요! 모두 엔트리 프로그램은 어느 정도 다 해본 것 같네요. 오늘은 엔트리로 그래프를 만들어 볼 거예요. 주제는 우리 반 친구들과 관련된 내용으로 조사해 볼 겁니다.

학생 4   네? 어려울 것 같은데요

학생 5   맞아요. 저 그래프 그리는 거 하나도 생각 안 나요!

이 교사   너무 걱정하지 않아도 되는 게 그래프를 그리는 것은 엔트리 프
          로그램에서 알아서 잘 그려줄 거예요. 먼저 우리 반 친구들의
          무엇을 주제로 조사해야 그래프를 그리기 쉬울지부터 얘기해볼
          까요?

학생 6   저요! 키나 몸무게처럼 측정할 수 있는 것들을 해야 해요.

이 교사   그렇죠. 그래프에는 키나 몸무게처럼 객관적으로 측정할 수 있
          는 것들을 하는 것이 좋아요. 또 다른 게 있을까요?

학생 7   장래 희망이나 좋아하는 과목 같은 것들도 그래프로 만들 수 있
          어요.

이 교사   맞아요. 이전 선생님들께서 잘 가르쳐주셨을 거예요. 장래 희망
          이나 좋아하는 교과목처럼 선택지가 있는 내용으로 데이터를
          만들 수 있어요. 그러면 측정할 수 있거나 선택지가 있는 것으로
          각자 주제를 정할 수 있을 것 같아요. 한 명 한 명 그래프를 만
          들면 시간도 오래 걸리고 힘들 테니 모둠별로 우리 반 데이터를
          조사해보도록 합시다. 선생님이 나눠준 프린트물에 모둠별로 어
          떤 주제로 데이터를 조사하고 그래프를 그릴지 토의해서 적어
          볼까요?

학생들은 교실에서 모이던 방식으로 4개의 모둠으로 나뉘어 어
떤 주제를 선정할지 토의를 시작했다.

학생1   우리는 좋아하는 가수를 조사하면 어때?

학생2	가수는 너무 종류가 많잖아. 가로축에 너무 많은 내용이 나올 것 같은데?
학생3	아, 그럴 수도 있겠네. 아니면 몇몇 가수들로 후보를 정해서 해 보면 될 것 같은데?
학생4	좋은 생각인 것 같아. 그렇게 하면 가로축에 충분히 나타낼 수 있겠는걸?

4개의 모둠은 토의를 한 후 그래프로 나타내기 위한 4가지 주제를 선정하였다.

〈그래프를 만들기 위한 모둠별 주제〉

- 1 모둠: 우리 고장의 3월의 온도 변화
- 2 모둠: 우리 반 학생들의 발 사이즈
- 3 모둠: 우리 반 학생들이 좋아하는 가수
- 4 모둠: 급식에서 좋아하는 음식

이 교사	모든 모둠이 적절한 주제를 정한 것 같으니 한번 자료를 조사해 봅시다. 지금부터 모둠원들은 인터넷을 검색하거나 우리 반 친구들에게 물어보며 내용을 조사해 보세요. 조사한 내용은 '엔트리→작품 만들기→데이터분석→데이터 불러오기→테이블 추가하기→새로 만들기→추가'를 클릭해서 입력할 거예요. 화면에 방법을 띄워 놓을 거지만, 모둠별로 하다가 막히는 부분이 있으면 선생님을 부르도록 하세요.

한동안 몇몇 아이들이 학습지를 들고 돌아다녔다. "가수 중에 누구 좋아해?", "급식에서 뭐가 좋아? 뭐? 가지나물이 좋다고? 치킨이 아니라?", "신발 사이즈 보게 잠시 실내화 좀 벗어봐."

한바탕 와자지껄 조사하는 소리로 채워지고 얼마 지나지 않아 하나둘 조사를 끝낸 모둠들이 나왔다. 테이블에 조사한 자료를 입력하고 그래프로 조사한 자료들을 나타내었다. 코딩에 일가견이 있는 학생이 있는 모둠에서는 간단한 게임을 풀어야 해당 그래프가 나오도록 코딩을 하고 있기도 했다.

학생 5　선생님! 어떤 그래프를 선택해야 할지 모르겠어요.

이 교사　그래요? 여러분은 어떤 주제로 조사했죠?

학생 5　저희는 3월 기온변화요.

이 교사　그럼 변화가 보이는 그래프를 하면 좋겠는데요? 막대, 선, 점, 원 차트를 하나씩 눌러보면서 어떤 그래프가 좋을지 생각해봅시다.

학생 5　음…. 꺾은선그래프가 가장 적합할 것 같아요.

이 교사　그렇죠. 꺾은선그래프가 기온의 변화를 알기 쉬워요. 그럼 이 눈금 한 칸은 얼마씩을 나타낼까요?

학생 5　보자, 0.1씩 나뉘어 있네요. 눈금 한 칸은 0.1을 나타내고 있어요.

이 교사　그렇죠. 그래프 해석 잘하네요!

그래프까지 완성 시킨 모둠을 돌아다니며 이 교사는 각 그래프의 특징과 눈금 한 칸의 크기, 자료의 값들에 대해 질문을 하고 그래프를 해석해보도록 하였다. 이후 심화학습으로 작품을 인터넷상에 게시하고 각 작품에 접속하여 다른 모둠의 그래프를 살펴보며 다른 모둠의 작품을 관찰할 수도 있었다.

EPL(Educational Programming Language) 중 하나인 엔트리가 교육현장에 들어서며 선생님들이나 학생들의 코딩에 대한 거부감과 낯섦을 많이 덜어낸 듯하다. 엔트리의 가장 큰 장점은 뭐니 뭐니 해도 한글로 구성되었다는 것이다. 스크래치, 파이선 등도 코딩을 배우기에 쉬운 도구라지만 영어가 기본언어로 설정되어 있어 초등학생들에게는 어렵게 느껴질 수 있다. 그뿐만 아니라 엔트리는 수시로 업데이트되어 단순 코딩뿐만 아니라 AI 교육을 위한 좋은 도구로 활용될 수 있게 발전하고 있었다. 앞으로 학생들이 접하게 될 수많은 AI 수업도 엔트리를 활용하여 AI와 SW 교육을 접목한 형태로 여러 교과에서 이루어질 것으로 생각되었다.

읽을거리

◎ 우리는 다양한 데이터를 어떻게 활용할 수 있을까요?

수집한 데이터를 분석하여 다양한 경향을 알고 의사 결정하는데 도움을 받을 수 있습니다.

예를 들어 우리 학년 학생들의 키와 몸무게를 조사하여 평균 키와 몸무게를 알 수도 있고, 어떤 키의 학생이 가장 많은지도 조사할 수 있을 것입니다. 또한 학년 단체 티셔츠를 구매할 때 수집한 데이터를 확인하고 사이즈를 선택할 수 있습니다.

인공지능 기술은 이러한 데이터로부터 다양한 가치를 창출해낼 수 있습니다.

데이터를 활용한 인공지능의 예시로는 학습할 속성을 지정하여 인공지능에게 하나씩 학습시키는 '지도학습'을 통해 분류하고 예측하는 것과 학습할 내용을 지정하지 않고 인공지능 스스로 학습하는 '비지도학습'으로 군집(클러스터)을 만들어내는 것이 있습니다.

- 지도학습 분류: 데이터 테이블의 속성을 기준으로 각각의 클래스로 분류하는 모델
- 지도학습 예측: 학습한 데이터를 핵심 속성으로 정하여 예측값을 알려주는 모델
- 비지도학습 군집: 모델이 나름대로 주어진 데이터를 몇 개의 묶음으로 만드는 모델

01 | 'https://playentry.org/'에 접속합니다.

02 | '만들기'-'작품 만들기'를 클릭합니다.

03 ㅣ '데이터분석'-'테이블 불러오기'를 클릭합니다.

04 ㅣ '테이블 추가하기'를 클릭합니다.

05 ┃ '**새로만들기**'-'**추가**'를 클릭합니다.

06 ┃ 데이터를 입력합니다.

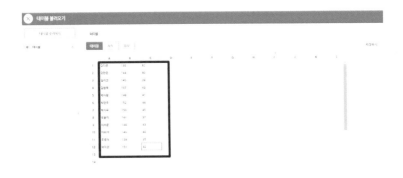

06. 데이터를 표로 나타내기: 엔트리 데이터 분석

07 ㅣ 차트를 만들기 위해 **'차트'-'+'** 아이콘을 클릭합니다.

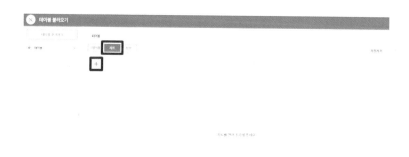

08 ㅣ 원하는 유형의 차트를 선택하고 가로축, 세로축을 정한 뒤 **'저장하기'**를 클릭
합니다.

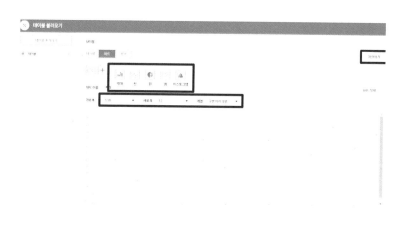

09 | | + 오브젝트 추가하기 | 버튼을 눌러 알맞은 오브젝트를 추가한 다음 차트를 보기 위해 데이터분석 블록을 활용합니다.

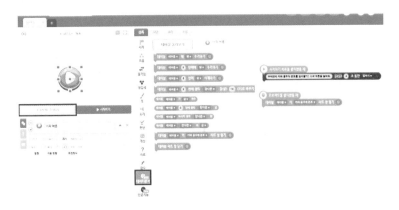

10 | 그림과 같이 블록을 넣습니다.
① '시작'-'시작하기 버튼을 클릭했을 때'
② '생김새'-'□을 □초 동안 말하기' 블록 넣고 적절한 문구와 시간 설정하기
③ '시작'-'오브젝트를 클릭했을 때'
④ '데이터분석'-'테이블의 □ 차트 창 열기'

11 | '**재생**' 버튼을 눌러서 차트창이 나타나는지 확인해보겠습니다.

12 | '**시작**' 버튼을 클릭하면 데이터 분석 차트가 나타나는 것을 확인할 수 있습니다.

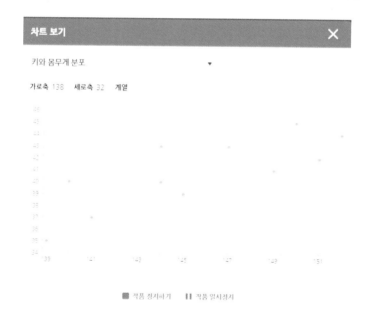

데이터 분석 테이블 만들기

◇ 우리 반 학생들의 키와 몸무게 데이터를 입력하여 분석하고 싶은 경우 가장 적절한 그래프 유형을 고르세요.

① 원형그래프　　② 분산형그래프　　③ 꺾은선그래프　　④ 막대그래프

◇ 우리 반 학생들의 키와 몸무게를 조사하여 봅시다.

(※ 우리 반 친구들이 몸무게를 밝히는 것을 원하지 않는다면 발 사이즈를 조사해도 좋습니다.)

이름	키	발 사이즈	이름	키	발 사이즈

◆ 수집한 데이터를 바탕으로 엔트리 사이트에서 데이터를 분석해 봅시다.

엔트리 인공지능 블록 활용하기

: 오디오 감지

　4월에는 학생이나 선생님이나 춘곤증을 이길 만한 뾰족한 방법이 없다. 햇볕은 따뜻하고 학생들은 모두 귀가해 교실은 조용했다. 이 교사는 학기 초 바쁜 업무들을 어느덧 마무리해서 오전의 쉴 틈 없는 수업을 끝으로 오후에는 한가로이 시간을 보내고 있었다. 노곤한 기분에 빠져 허우적대고 있을 즈음 드르륵 교실 문 열리는 소리에 깜짝 놀라 일어났다.

김 교사　와~ 이제 학교 적응 다 하셨나 봐요? 얼마 전까지만 해도 적응
　　　　이 안 된다, 낯설다 하시더니….

교실을 찾아온 사람은 옆 반 김다희 선생님이었다.

이 교사 깜짝 놀랐잖아요. 혹시나 교장, 교감 선생님께서 오시는 줄 알고….

김 교사 크 아쉽네요. 다음에는 같이 모시고 와야겠어요.

이 교사 오늘은 어쩐 일로 이렇게 오셨나요?

김 교사 다른 게 아니고 선생님 AI 수업 어떻게 하시는가 해서요. 사실 저는 창의적 체험활동 시간에 배정해둔 AI 수업도 부담되거든요.

이 교사 AI 수업이라…. 처음에는 사실 난감한 게 맞는 거 같아요. 국어, 수학처럼 교과서가 있는 것도 아니고 온전히 재구성해서 수업해야 하니까요. 먼저 AI 놀이 정도로 아이들의 관심을 끌게 해보는 건 어때요?

김 교사 안 그래도 놀이로 아이들의 관심을 끌게 해보려는데 마땅히 생각나지 않아서요.

이 교사 놀이가 잘 생각나지 않으면 실제 사용하고 있는 AI 기술로 동기유발 하는 것도 좋을 것 같은데요?

김 교사 뭐가 있을까요? 집에 있는 로봇청소기를 들고 올 수도 없고….

이 교사 요즘 아이들 다 휴대전화 있잖아요. 음성인식 기능을 쓰면 될 것 같은데요? 삼성은 빅스비, 애플은 시리, 네이버 클로바, 구글 음성인식 등 그런 음성인식 기술로 동기유발 하면 좋아할 것 같아요.

김 교사 아! 그런 기술도 AI로 볼 수 있어요?

이 교사 그럼요. 이런 음성 인식들은 엄연히 오디오를 기반으로 한 머신러닝으로 이루어진 것이니까요.

김 교사 머신러닝이라…. 어디서 들어는 본 듯한 단어들인데…. 조금 어려운데요? 뭐였죠?

이 교사   우리나라에서 머신러닝이라는 말이 많이 나온 건 이세돌 9단과 알파고가 대련하였을 때였어요. 알파고는 인간이라면 따라 할 수 없는 학습 속도로 24시간 잠도 자지 않고 바둑 기보를 계속 학습했잖아요. 이렇게 인공지능을 적용하여 명확한 프로그래밍 없이도 자동으로 시스템이 경험을 통해서 배우고 개선할 수 있는 능력을 갖추도록 하는 것을 머신러닝이라고 해요.

김 교사   아아 기억나요! 그런데 그런 기술은 엄청 어렵고 복잡해 보이는데 초등학교 수업에서 해볼 수 있을까요?

이 교사   완벽히 구현할 수는 없겠지만, 어느 정도 흉내는 내 볼 수 있어요. 예를 들어 가위바위보를 인식하는 프로그램을 만든다거나 노래를 구별하는 프로그램을 만드는 것도 할 수 있죠.

김 교사   그 정도만 되어도 충분하겠는데요? 음성인식도 가능하다고 하니 재미있을 것 같아요. 안 그래도 이번에 국어 시간에 해보고 싶었던 수업이 있었거든요? 좀 도와주시겠어요?

이 교사   제가 할 수 있는 것이면 당연히 도와드려야죠.

김 교사   일단 미리 감사합니다! 이번에 '서로 공감하며 대화하기'가 주제라서 학생들에게 좀 새롭게 수업을 하고 싶었거든. 사실 고학년 정도만 되면 공감하며 말하기는 그렇게 어려운 내용이 아니잖아요. 어떻게 보면 정답이 정해진 수업이 되기도 쉽고요. 그런데 AI 기술에서 음성을 인식할 수 있도록 코딩할 수 있으니 뭔가 재미있는 수업을 설계할 수 있을 것 같은데요?

이 교사   확실히 고학년이 되면 될수록 공감하는 대화나 도덕적인 내용의 수업에 관심을 덜 보이죠. 그럼 엔트리를 이용해 음성을 인식하는 대화를 만들어 보는 활동을 하면 어떨까요? 직접 발화상

황을 가정해서 학생들이 질문하고 답하고 하는 상황을 거치면 될 것 같은데요.

김 교사 선생님, 제가 진짜 잘 몰라서 그러는데 한번 머신러닝 하는 거 보여주시면 안 돼요?

이 교사 그럼 아까 말씀하신 오디오 머신러닝 한 번 보여드릴게요. 이 순서대로 한 번 해볼게요.

1. 엔트리를 실행하고 '인공지능'-'인공지능 블록 불러오기'를 클릭한다.
2. '오디오 감지'-'추가' 버튼을 클릭한다.
3. '음성 인식하기' 블록을 추가한다.
4. '만일 ~이라면 아니면 ~' 블록에 '음성을 문자로 바꾼 값' 블록을 넣는다.
5. 정확하게 말했을 때의 대사와 틀리게 말했을 때의 대사를 입력한다.

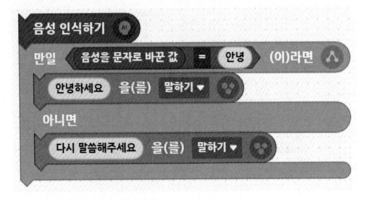

이 교사 이렇게 블록을 간단하게 하나 만들고, 예를 들어 '안녕'이라는 음성을 인식하면 '안녕하세요'가 인출되겠죠? 한 번 해볼까요?

이 교사는 컴퓨터에 마이크를 연결하고 "안녕"이라고 소리를 내었다. 그러니 해당하는 말이 인출되었다.

07. 엔트리 인공지능 블록 활용하기: 오디오 감지

김 교사 와! 진짜 신기하네요. 저도 한번 해볼게요. "안녕, 안녕. 안녕?" 어? 선생님! 얘가 왜 제 말은 안 들어요?

이 교사 선생님 발음이 정확하지 않은가 본데요?

김 교사 네? 그럼 다시 한 번 해볼게요. "안! 녕!"

이 교사 이제 정확히 발음하셨나 보네요. 엔트리에서도 올바르게 대답을 하네요.

김 교사 이렇게 발음을 정확하게 해야 하는 경우라면 발음 연습할 때도 도움이 되겠는데요? 5학년에 발음이 살짝 어눌한 친구가 몇몇 있는데 수업 외적으로 해보아도 될 것 같아요.

이 교사 그것도 좋네요. 발음하기 어려운 문장을 잘 읽으면 칭찬하도록 프로그래밍하는 것도 좋을 것 같아요. 어렸을 때 웅변학원 같은 곳에 다니면 발음 연습하잖아요. "이 콩깍지는 깐 콩깍지인가 안 깐 콩깍지인가" 이런 거요.

김 교사 수업 시간에 스피드 퀴즈를 할 때 답을 인식하는 프로그램으로 해도 좋을 것 같아요. 성격이 급한 학생들도 차분히 또박또박 발음하겠는데요?

이 교사 선생님 덕분에 저도 오늘 아이디어 많이 얻었네요. 오디오 머신러닝 프로그램으로 여러 가지 프로그램을 만드는 활동을 하거나 실제 수업에 사용할 수 있는 프로그램을 설계할 수 있겠어요.

김 교사 그러게요. 첫 번째로 상대방의 말에 공감하는 말하기에서 답변하는 프로그램을 만들 수도 있었고.

이 교사 두 번째로 발음을 정확하게 발음하는지 확인하는 프로그램, 세 번째로 스피드 퀴즈에서 답을 인식하는 프로그램도 만들 수 있겠어요.

김 교사　생각해보니 학생들에게 간단하게 이 프로그램에 대해 흥미를 갖게 하고 직접 코딩해볼 수 있게 해야겠어요. 선생님! 방금 엔트리 코딩한 것 좀 공유해주시겠어요?

　이 교사는 엔트리 코딩 내용을 공유한 후 조금 전 김다희 선생님과 같이 이야기해 본 내용의 코딩을 프로그램으로 짜보았다. 엔트리 프로그램에서는 아주 긴 문장을 구분하기는 힘들었지만, 수업에 사용할 수 있는 간단한 대답이나 발문 정도는 충분히 인식할 것 같았다. 이 교사는 오랜만에 엔트리를 만진 김에 새로 생긴 기능들을 하나씩 눌러보았다. 다른 머신러닝 프로그램에서 구현할 수 있는 기능들도 엔트리에서 코딩이 가능해 여러 프로그램을 왔다 갔다 할 필요가 없다고 느껴졌다. 파파고를 활용한 번역기능, 비디오 감지 기능, 읽어주기 기능 등은 학생들과 함께 다양한 AI 프로그램을 짜기에 충분해 보였다. 작년과 비교했을 때 AI 기능 활용 내용이 참 많이 업데이트되었음을 느끼며 이 교사도 새로운 AI 수업을 구상하기 위해 자세를 고쳐 앉았다.

읽을거리

◎ **머신러닝이란?**

머신러닝은 인공지능 연구 분야 중 하나로, 인간의 학습 능력과 같은 기능을 컴퓨터에 실현하려는 기술입니다. 머신러닝은 데이터를 기반으로 학습을 하고 데이터를 바탕으로 예측 및 결정을 하는 모델을 만드는 방식입니다. 머신러닝 알고리즘의 종류에는 입력에 대한 출력을 하는 함수를 학습하는 지도학습, 출력 없이 입력만으로 모델을 구축하여 학습하는 비지도학습, 행동을 선택하여 영향을 미치고 이에 대한 피드백으로 보상을 얻어 학습하는 강화학습이 있습니다.

머신러닝을 하는 데이터는 글자, 이미지, 소리, 비디오 등으로 나눌 수 있습니다.

- 오디오 기반 머신러닝

  소리를 기반으로 머신러닝하는 것입니다. 마이크로 녹음하거나 소리 파일을 올려 학습할 수 있습니다. 입력되는 소리의 양이 많을수록 머신러닝의 결과가 정확해집니다.

- 이미지 기반 머신러닝

  사진을 기반으로 머신러닝 하는 것입니다. 웹캠으로 촬영하거나 사진을 업로드하여 학습할 수 있습니다. 입력되는 사진의 양이 많을수록 머신러닝의 결과가 정확해집니다.

- 텍스트 기반 머신러닝

  글자를 기반으로 머신러닝하는 것입니다. 글자를 학습하여 입력되는 글자를 판단할 수 있습니다. 입력되는 글자 양이 많을수록 정확도가 높아집니다.

01 | 'https://playentry.org/'에 접속합니다.

02 | 상단 메뉴의 **'만들기'**-**'작품만들기'**를 클릭합니다.

03 |  를 눌러 오브젝트를 추가합니다.

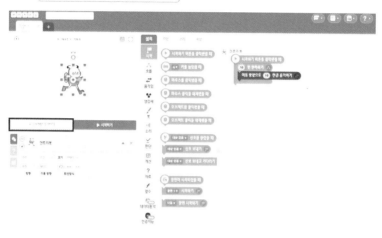

04 | 다양한 오브젝트 중에서 원하는 것을 선택하고 추가하기 버튼을 클릭합니다.

05 Ⅰ 글상자를 추가하기 위해 메인화면의 [+ 오브젝트 추가하기] 아이콘을 클릭한 뒤 **'글상자'**를 클릭합니다. 글상자에 오디오 감지에서 읽을 내용을 입력하고 아래의 **'적용하기'** 버튼을 클릭합니다.

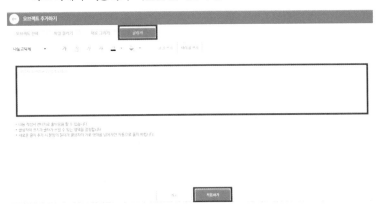

06 Ⅰ 코딩을 할 오브젝트를 클릭하고 블록 입력을 시작하겠습니다.

07 | 블록에서 '**시작**'-'**시작하기 버튼을 클릭했을 때**' 블록을 넣어줍니다.

08 | '**생김새**'-'**안녕! 을(를) 4초 동안 말하기**' 블록을 넣고 적절한 대사로 수정합니다.

09 ㅣ 활동이 잘 되기 전까지 반복할 수 있도록 **'흐름'-'계속 반복하기'** 블록을 넣습니다.

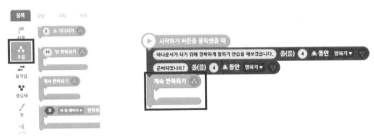

10 ㅣ 오디오 감지 블록을 추가하기 위해 **'인공지능'-'인공지능 블록 불러오기'**를 클릭합니다.

11 | '**오디오 감지**'를 클릭한 뒤 '**추가**' 버튼을 클릭합니다.

12 | 오디오 감지와 관련한 블록이 나타났습니다. '**인공지능**'-'**음성인식**' 블록을 계속 반복하기 흐름 안에 넣습니다.

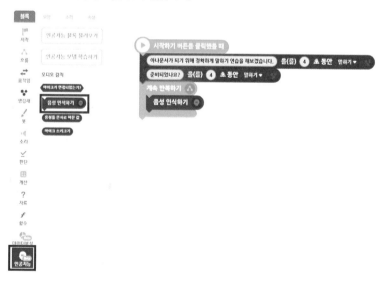

13 | 말하기를 정확하게 했을 때와 틀렸을 때를 구분하기 위해 '**흐름**'-'**만일 □이라면, 아니면**' 블록을 넣습니다.

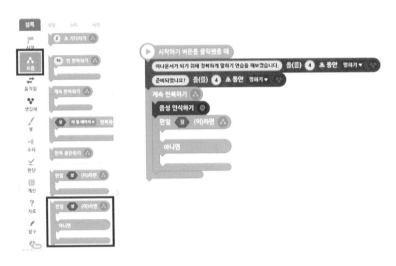

14 | '**판단**'-'**10=10**' 블록을 '**만일~이라면**' 블록 안에 넣습니다.

15 | '인공지능'-'음성을 문자로 바꾼 값' 블록을 등호 앞에 넣고 뒤의 내용을 글상자에서 입력한 내용으로 넣습니다.

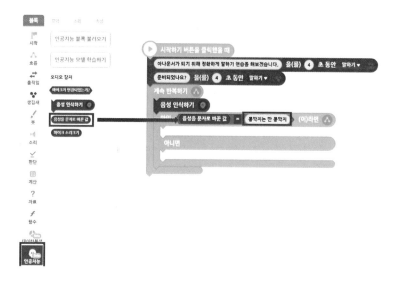

16 | '생김새'-'안녕! 을(를) 말하기' 블록을 각각 넣고 정확하게 말했을 때의 대사와 틀리게 말했을 때의 대사를 입력합니다.

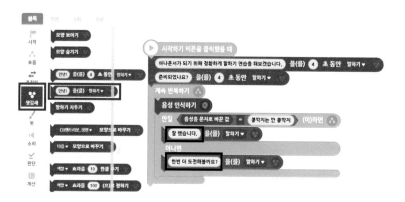

17 ┃ 말하기 연습을 여러 번 하기 위해서는 장면을 추가하여 앞서 만든 방식과 비슷하게 블록을 넣습니다. 말하기를 정확하게 한 뒤에 활동을 마치기 위해서는 **'흐름'-'반복 중단하기'** 블록을 넣습니다.

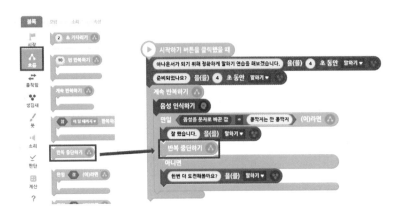

18 ┃ **'재생'** 버튼을 클릭하여 실행을 확인합니다. 오디오 사용 권한을 허용합니다.

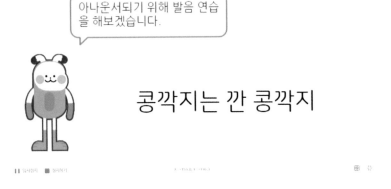

아나운서되기 위해 발음 연습을 해보겠습니다.

콩깍지는 깐 콩깍지

19 ㅣ 정확하게 말하지 않으면 오디오 감지를 계속 반복합니다.

20 ㅣ 정확하게 말하면 활동이 종료됩니다.

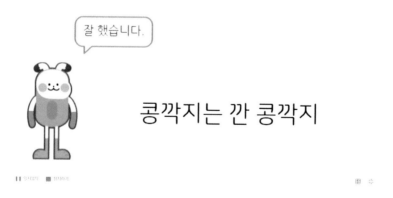

국어 수업: 발음 연습

AI 도움으로 발음 연습하기

( )학년 ( )반 ( )번

이름:

◇ 다음은 소리로 음성을 감지하고 텍스트로 변환하는 AI를 활용한 발음연습 프로그램입니다.

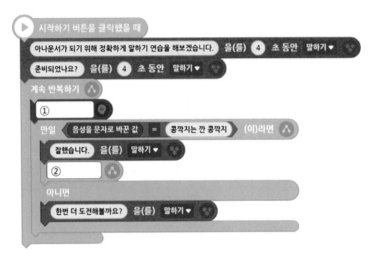

(1) 빈칸에 들어갈 알맞은 말은 무엇일까요?

①		②	

(2) 다양한 발음 연습을 위해 다음 빈칸에 들어갈 수 있는 표현들을 찾아보고 발표해봅시다.

엔트리 인공지능 학습 모델
: 이미지 인식

학생들	선생님! 1인 1역할 바꿔요! 벌써 1인 1역할 바꾸고 한 달이 넘게 지났어요.
이 교사	벌써 그렇게 됐나요? 오히려 적응되어서 그대로 하는 게 낫지 않아요?
학생1	아니에요. 저 바꾸고 싶어요!
이 교사	그래요. 분위기도 바꿀 겸 1인 1역할 바꾸는 것도 나쁘지 않죠. 그런데 수업하기 싫어서 핑계 대는 거 아니죠?
학생2	아니에요~ 1인 1역할을 하면서 책임감을 더욱 기르기 위한 것이라고요.

이 교사는 학급 운영을 위해 1인 1역할 시스템을 이용한다. 기간은 그때그때 다르지만 보통 한 달 동안 교실에서 필요한 한 가지

역할을 선택해서 수행한다. 아래는 올해 필요하다고 생각되는 1인 1역할을 나열해놓은 것이다. 학생 수가 15명이기 때문에 학생 수에 맞추어 역할을 배분했다.

6학년 1반 1인 1역할				
교실 청소 1	교실 청소 2	교실 청소 3	교실 청소 4	교실 청소 5
우유 당번	창문 청소 1	창문 청소 2	창문 청소 3	칠판 당번
알림장·숙제 확인	쓰레기통 청소 1	쓰레기통 청소 2	책장 청소 1	책장 청소 2

3월에는 1인 1역할을 나누기 위해 희망하는 역할별로 신청자를 받아 가위바위보를 활용했다. 이번 달에는 제비뽑기를 통해 1인 1 역할을 정하기로 하였다. 이 교사가 제비뽑기를 준비하는 동안 학생들은 저마다 하고 싶은 1인 1역할에 대해 이야기했다. 학생들 사이에서 인기 많은 역할은 우유 당번, 칠판 당번, 알림장·숙제 확인 역할이었다. 인기도가 보통인 역할은 교실 청소, 창문 청소, 책장 청소였고 가장 인기 없는 역할은 쓰레기통 청소 역할이었다. 제비가 다 만들어지자 순서대로 제비를 뽑기 시작했다. 자신이 뽑은 제비에 따라 교실 곳곳에서 환호와 탄식이 터져 나왔다. 탄식이 나온 경우는 쓰레기통 청소를 뽑은 민식이와 상윤이였다. 특히 민식이는 3월에도 쓰레기통 청소를 해서 얼굴에 실망한 기색이 역력했다. 1 인 1역할을 바꾸자고 제안한 것도 민식이였다. 이 교사는 쓰레기통 청소가 그렇게 인기가 없을 것으로 생각하지 못했다. 학생 수가 적

08. 엔트리 인공지능 학습 모델: 이미지 인식

어서 쓰레기가 나오는 양도 적어 일주일에 한 번 정도만 비우고 평소에는 쓰레기통 주위를 정리만 하면 되기 때문이다. 실망해 보이는 민식이가 자신이 뽑은 제비를 들고 이 교사에게 찾아왔다.

민식	선생님, 1인 1역할 이거 다른 친구랑 바꿔도 돼요?
이 교사	쓰레기통 청소가 왜 하기 싫으니? 혹시 하기 싫은 이유를 물어봐도 될까?
민식	저번 달에도 했던 1인 1역할이고요. 특히 분리수거하기가 너무 힘들어요. 친구들이 제대로 분리수거도 안 하고 쓰레기통에 들어 있는 페트병을 집어서 다시 분리하기가 너무 더러워요.
이 교사	분리수거 때문이었구나. 선생님은 저번 달에 분리수거가 잘 되고 있어서 반 친구들이 잘하고 있는 줄 알았지. 그런 사정이 있는지는 몰랐네. 조금 의외네. 선생님은 더러운 걸 만지기 싫어서 이 역할을 하기 싫은 줄 알았지. 혹시 분리수거 문제만 해결되면 바꾸지 않고 할 수 있겠어?
민식	분리수거만 잘 되면 괜찮아요.
이 교사	선생님이 다른 친구들한테 분리수거 하는 방법도 다시 한 번 가르쳐주고 신경 쓰도록 할게. 제비뽑기가 공정하다고 생각해서 우리 반 전체가 결과를 따르기로 약속하고 뽑은 것이니 이번 한 달만 더 해보자.
민식	네, 알겠어요.

바뀐 1인 1역할에 대한 아이들 나름대로 인수인계를 마치자 어느덧 쉬는 시간이 되었다. 이 교사는 책상 위에 있는 텅 빈 텀블러에

따뜻한 물도 담을 겸 교사 연구실에서 잠시 쉬기 위해 들어갔다.

임 교사 고생하셨어요. 커피 한잔 마셔요.

이 교사 네, 감사합니다. 휴~ 아이들이 6학년이 다 되었는데 아직 분리수거가 잘 안되네요. 몇 번 말해줬는데 잘 안되네요.

김 교사 5학년도 마찬가지예요. 정확하게 잘 구분하지 못하거나 별생각 없이 쓰레기통에 넣는 것 같아요.

임 교사 분리수거가 잘 안 되는 게 아이들이 실제로 해볼 경험이나 필요성을 잘 몰라서 그런 것 같아요. 우리 아들들도 집에서 분리수거할 일은 거의 없어서 막상 하라고 하면 엉망이더라고요.

김 교사 그런데 4학년 아이들은 어린데도 청소도 깨끗이 하고 선생님 교실은 항상 깔끔하던데 무슨 노하우라도 있으세요?

임 교사 노하우라고 하니 엄청 특별한 게 있는 것처럼 들려서 부끄럽네요. 그런 건 없고 자신이 해야 할 일에 대해 좀 명확히 반복적으로 알려주는 편인 것 같아요. 아, 그리고 자신이 맡은 역할이 아닌 역할도 어떤 일을 하는지 알아야 한다고 해요. 그래야 다른 친구들이 힘들다는 것을 알고 피해를 안 주려고 하거든요.

이 교사 다른 사람의 역할을 아는 것…. 어찌 보면 당연한 것들인데 아이들에게 알리는 게 좀 소홀했나 봐요. 특히 자신이 맡은 역할이 아닌 경우에는 크게 신경 쓰지 않는 학생들이 많았거든요. 안 그래도 오늘 1인 1역할 정하는데 분리수거가 잘 안 된다고 쓰레기 처리하는 역할을 아무도 안 하려고 하더라고요.

김 교사 학생들이 신경 안 쓰는 것도 있지만, 분리수거에 대해서 잘 모르는 경우도 제법 있는 것 같아요. 5학년에는 다행히 《자원 관리와 자립》 단원에 〈쓰레기 처리와 재활용〉이라는 딱 맞는 수업이 있어서 신경 써서 수업하려고요.

이 교사 우리도 실과에 《가정생활의 실천》 단원에 〈가정일 역할분담〉이라는 차시가 있어서 가정일하고 연관 지어 수업하려고 했어요. 가정일 뿐만 아니라 학급 일도 같이 연관 지으면 같이 할 수 있을 것 같더라고요.

임 교사 선생님들, 내용이 비슷할 것 같은데 5, 6학년 프로젝트 수업으로 합동 수업해보는 건 어때요? 재활용에 대해서 6학년들은 다시 한 번 꼼꼼히 배우고 5학년들은 학교생활에서의 역할에 대해 생각할 기회를 가질 것 같은데요?

이 교사 저야 좋죠! 분리수거를 어디서부터 가르쳐야 하나 막막했는데 김다희 선생님이 분리수거와 관련된 수업 자료들은 다 준비해주실 테고!

김 교사 뭔가 말리는 듯한 기분인데요? 5학년은 선행학습이 일어나지 않도록 신경 써서 수업을 구성해야 할 것 같네요. 선생님 그러면 대신 제 부탁도 하나 들어주세요!

이 교사 수업을 혼자 다 하라는 그런 것만 아니면 들어드릴게요!

김 교사 사람을 어찌 보시고! 다른 게 아니고 저번에 엔트리에서 오디오 감지 프로그래밍 설계하는 것은 재미있게 했었는데요. 같은 메뉴에 비디오감지, 이미지 감지 이런 기능도 있더라고요.

이 교사 맞아요. 사진을 기반으로 머신러닝하는 것을 이미지 기반 머신러닝이라고 하죠.

김 교사 우리 반 아이들이 그걸 보고 수업하고 싶다고 해달라고 난리인데 그 기능으로 수업해 봐요! 어떻게 할지는 대략 구상했는데 실제 수업하기 부담스럽네요.

이 교사 오디오 기반 머신러닝도 하셨으면 충분히 잘하실 것 같은데? 어떻게 구상하셨어요?

김 교사 일단 이미지 기반 머신러닝을 하려면 웹캠으로 촬영하거나 업로드한 사진들을 학습시켜야 하더라고요. 그리고 입력되는 사진의 양이 많을수록 머신러닝의 결과도 정확해지고요. 대략적인 수업은 이렇게 생각해봤어요.

1. 쓰레기를 재활용하기 위해 분류를 한다.
2. 종류별로 이미지 기반 머신러닝을 해서 컴퓨터가 구분할 수 있도록 학습한다.
3. 물체를 비추면 어떤 재활용품으로 분류할지 구분하는 엔트리 프로그래밍을 한다.

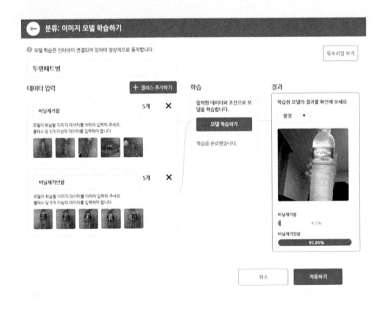

08. 엔트리 인공지능 학습 모델: 이미지 인식

이 교사　이런 이미지 기반으로 한 티처블 머신을 활용한 수업은 수학수업에서 '□△○' 도형을 구분하는 수업이나 저학년이 한글과 숫자를 배울 때 몸으로 표현하는 활동에서 많이 이용되거든요. 이런 경우에는 모양이 단순해서 대표되는 몇 개의 이미지만으로도 충분히 학습 가능해서 정확도도 높았어요. 그런데 이런 재활용 쓰레기들이 잘 구분되기 위해서는 최대한 많은 수로 이미지 학습을 시켜야 하겠는데요?

김 교사　그렇죠? 안 그래도 그럴 것 같아서 도와달라고 한 거였어요! 5, 6학년이 짝을 이루거나 섞어서 모둠을 만들어 수업하면 될 것 같아요.

이 교사　5학년은 재활용 쓰레기를 준비하고 분류하는 작업 위주로 하면 되겠고, 6학년은 그 재활용 쓰레기를 종류에 맞춰서 사진을 찍으며 머신러닝을 하면 될 것 같네요.

김 교사　딱 좋아요! 제가 원하던 그림이 그겁니다!

이 교사　6학년이 프로그램을 맡고 5학년이 페트병을 모아서 하나의 빅데이터를 완성해보는 것부터 하면 좋을 것 같아요. 너무 처음부터 비닐, 플라스틱, 종이, 깡통 등으로 나누면 코딩도 어렵고 머신러닝 해야 하는 경우도 많으니 학생들이 지칠 것 같아요.

김 교사　모아야 하는 이미지가 너무 복잡하면 인식이 잘 안 될 수 있다는 뜻이죠? 그러면 페트병만 하는 대신 페트병의 비닐이 제거되었나 아닌가를 확인하는 것도 가능할까요? 중요한 분리수거 방법의 하나잖아요.

이 교사　그럼요. 그 정도는 충분히 구분할 수 있어요. 그러면 비닐이 있는 페트병과 없는 페트병을 각각 학습시켜야겠네요.

김 교사 와, 쉬는 시간 10분 만에 프로젝트 하나가 뚝딱 나왔네요! 5~6
학년이 다 모여도 24명이니 한 교실에서 수업할 수 있겠죠? 날
짜가 정해지면 저희가 의자 챙겨서 6학년 교실로 가겠습니다!

　머칠 뒤 창의적 체험활동 시간과 실과 시간을 연차시로 하여 5,
6학년 프로젝트 수업을 진행했다. 페트병의 비닐 제거에 대한 필요
성과 함께 이미지 기반 머신러닝 방법을 안내하니 아이들은 꽤 즐
겁게 프로젝트에 참여하였다. 엔트리의 이미지 기반 머신러닝 기
능은 세밀하게 모든 재활용 쓰레기를 구분하기는 어려웠기에 이번
에는 페트병만 구분해보자는 이 교사의 말에 아쉬워하는 목소리
도 제법 있었다. 하지만 이 활동을 통해 5, 6학년 학생들은 각각
의 쓰레기들이 어떤 재활용 통에 분류되어야 하고, 쓰레기를 올바
르게 버리는 방법이 무엇인지 확실히 알게 되었다. 그도 그럴 것이
페트병 하나를 인식하기 위해 페트병 사진만 몇십장을 찍었기 때
문이다. 여기에 더해 민식이가 더는 쓰레기통 청소에 대한 불만을
하지 않게 된 것은 의외의 수확이었다.

읽을거리

◎ **엔트리 모델 학습**

◇ 엔트리 인공지능 블록

- 인공지능 블록에서는 이미 만들어진 인공지능을 활용할 수 있습니다.
- 번역: 파파고를 이용하여 다른 언어로 번역할 수 있는 블록을 제공합니다.
- 비디오 감지: 카메라를 이용하여 사람, 얼굴, 사물 등을 인식하는 블록을 제공합니다.
- 오디오 감지: 마이크를 이용하여 소리와 음성을 감지할 수 있는 블록을 제공합니다.
- 읽어주기: 음성합성 기술로 다양한 목소리를 활용해 문장을 읽는 블록을 제공합니다.

◇ 인공지능 모델 학습[학습 데이터를 사용한 모델 학습]

- 이미지 모델 학습: 이미지 데이터를 일정한 기준으로 분류하고, 그 기준으로 모델을 학습할 수 있습니다.
- 텍스트 모델 학습: 텍스트 데이터를 일정한 기준으로 분류하고, 그 기준으로 모델을 학습할 수 있습니다.
- 음성 모델 학습: 음성 데이터를 일정한 기준으로 분류하고, 그 기준으로 모델을 학습할 수 있습니다.

◇ 인공지능 모델 학습[데이터 테이블을 사용한 모델 학습]

- 분류: 숫자 모델 학습 : 테이블의 숫자 데이터를 가장 가까운 이웃을 기준으로 각각의 클래스로 분류하는 모델을 학습할 수 있습니다.
- 예측: 숫자 모델 학습 : 테이블의 숫자 데이터를 핵심 속성으로 삼아 예측 속성을 찾아내는 모델을 학습할 수 있습니다.
- 군집: 숫자 모델 학습 : 테이블의 숫자 데이터를 속성으로 정한 수 만큼의 묶음으로 만드는 모델을 학습할 수 있습니다.

페트병 비닐 분류하기

01 ┃ 'https://playentry.org/'에 접속합니다.

02 ┃ '만들기'-'작품 만들기'를 클릭합니다.

08. 엔트리 인공지능 학습 모델: 이미지 인식

03 ㅣ '인공지능'-'인공지능 모델 학습하기'를 클릭합니다.

04 ㅣ '분류: 이미지'-'학습하기'를 클릭합니다.

실과 수업: 재활용 분류

05 | 페트병의 이미지를 학습시켜 보겠습니다. **'클래스 추가하기'**를 클릭하여 2개의 클래스를 만든 뒤 각각 비닐이 있는 페트병과 비닐을 제거한 페트병으로 설정합니다. 업로드 또는 촬영을 통해 5개 이상의 이미지 데이터를 입력합니다.

06 | **'모델 학습하기'**를 클릭하여 학습시킵니다.

08. 엔트리 인공지능 학습 모델: 이미지 인식

07 | 이미지를 업로드 또는 촬영하여 결과를 확인합니다. **'적용하기'**를 클릭하여
이미지 모델 학습을 완료합니다.

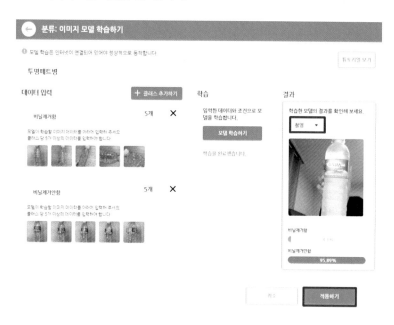

08 | 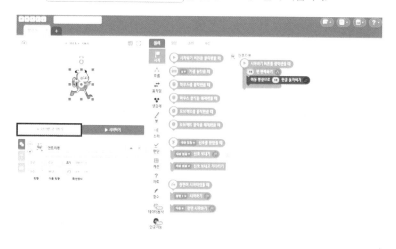 를 눌러 오브젝트를 추가합니다.

09 | 다양한 오브젝트 중에서 원하는 것을 선택하고 [추가하기] 버튼을 클릭합
니다.

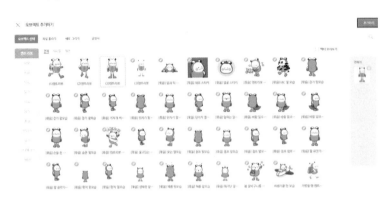

10 | 블록에서 **'시작'-'시작하기 버튼을 클릭했을 때'** 블록을 넣어줍니다.

08. 엔트리 인공지능 학습 모델: 이미지 인식

11 ┃ '생김새'-'안녕! 을(를) 4초 동안 말하기' 블록을 넣고 적절한 대사로 수정합니다.

12 ┃ 페트병 인식 활동이 반복될 수 있도록 '흐름'-'계속 반복하기' 블록을 넣습니다.

13 | 이미지를 분류하기 위해 **'인공지능'-'학습한 모델로 분류하기'** 블록을 계속 반복하기 블록 안에 넣습니다.

14 | 페트병에 비닐이 있을 때와 비닐이 제거되었을 때 두 가지 경우를 활동을 넣기 위해 **'흐름'-'만일 참이라면'** 블록 2개를 넣어줍니다.

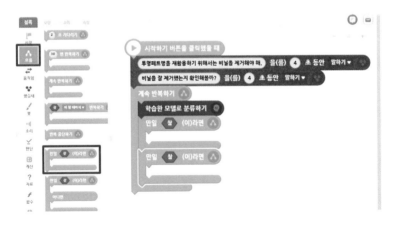

15 Ⅰ '**인공지능**'-'**분류결과가 □인가?**'블록을 '**만일 ~이라면**' 블록에 각각 넣고 비닐 제거한 경우와 비닐 제거하지 않은 경우로 설정합니다.

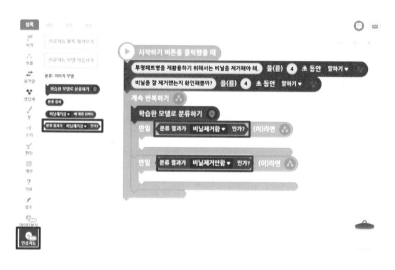

16 Ⅰ '**생김새**'-'**안녕! 을(를) 4초동안 말하기**' 블록을 넣고 비닐을 제거했을 경우와 비닐을 제거하지 않았을 경우의 대사로 설정합니다.

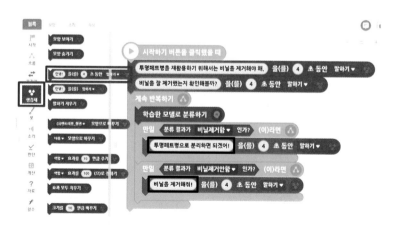

17 | 엔트리를 실행하여 데이터를 입력합니다. 페트병의 비닐을 벗기지 않은 경우
의 사진을 적용해봅니다.

18 | 비닐을 제거하지 않았을 경우에는 비닐을 제거해라는 대사가 나옵니다.

19 Ｉ 비닐을 제거한 페트병의 사진을 넣고 적용합니다.

20 Ｉ 비닐을 제거한 페트병은 투명페트병으로 분리 배출하면 된다는 대사를 확인
할 수 있습니다.

실과 수업: 재활용 분류

투명 페트병 분리배출하기

◇ 환경부는 2020년 12월부터 공동주택에서의 투명 페트병 분리배출을 실시하고 있습니다. (단독 주택, 빌라 등은 2021년 12월부터 실시)

왜 분리해서 버려야 할까요?

국내 재활용품은
유사품목 혼합배출로
고품질 재활용품 생산이 제한적

연 2.2만톤
부족한 고품질
재활용 원료 확보를 위해
연 2.2만톤의 폐페트 수입

투명 페트병 분리배출로
연 2.9만 톤에서 10만톤으로
국내 고품질 재활용원료 확보

◇ 플라스틱 분리 배출을 도와주는 AI 로봇이 있다면 어떤 점이 편리할까요?

_____

_____

투명 페트병! 이렇게 배출해 주세요

내용물은
싸~악
비우기!

라벨은
착!
제거하기

찌그러트리고
꽈~악
뚜껑 닫가

◇ 일주일간 AI에게 입력할 다양한 데이터를 수집하고 플라스틱 분리배출을 실천해봅시다.

〈미션1〉

페트병의 라벨을 제거하기,
전과 후 사진 찍기

〈미션2〉

일주일간 분리배출 실천하기

〈실천점검표〉

날짜	/	/	/	/
실천결과				

날짜	/	/	/	/
실천결과				

○ : 잘 함 △ : 못함 ☆ : 플라스틱 사용 안함

이미지 출처: 환경부 플라스틱 분리배출 홍보 포스터

엔트리 인공지능 학습 모델
: 이미지 모델 학습

학교에서 가장 바쁜 선생님을 뽑자면 늘 손에 꼽히는 사람이 연구부장 선생님이실 것이다. 미래초등학교의 연구부장인 강동훈 선생님은 주간 수업시수가 다른 선생님들에 비해 적다. 대신 담임 교사가 준비하기 어려운 실험, 실기 과목 위주로 3~6학년 과학, 체육, 도덕 총 18시간 수업을 한다. 비록 수업시간은 적지만 대신 연구부장 선생님에게 많은 업무가 부여되어 있다. 기본적인 학교 교육과정 수립부터 평가, 교과지도, 체육대회, 나이스 작업, 연구학교 운영 등 주된 업무가 많아 누가 봐도 연구부장의 수업 시수가 적은 데는 다 이유가 있구나 싶을 것이다. 여느 때와 같이 쉬는 시간에 짬을 내어 공문을 작성한 강 선생님은 다음 수업을 위해 6학년 교실로 올라갔다. 오전 내내 수업을 하고 마지막 4교시라 조금 지치지만, 이번 시간만 지나면 점심시간이니 조금 쉴 수 있었다. 수업을 위해 복도에 들어서자 삼삼오오 모여 있는 아이들을 볼 수 있었다. 수업시작 시간이 조금 남아 무얼 하는지 슬쩍 보았다. 아이들이 노트북에 대고 가위바위보를 하고 있었다. 카메라에 대고 가위바위보 동작을 하면 컴퓨터와 대결을 하는 형태의 프로그램이었다.

연구부장 컴퓨터랑 가위바위보를 하는 거야? 이건 누가 만든 거야? 이수빈 선생님이 만든 거니?

학생 1 아니요. 이수빈 선생님 말고 현수가 만들었어요.

연구부장 그래? 현수가? 그럼 이건 수업 시간에 만든 게 아닌 거야?

현수 네. 수업 때는 분리수거하는 프로그램 만들었어요. 그거 해보니 왠지 가위바위보 게임을 하는 프로그램도 만들 수 있겠더라고요.

현수는 지역교육청의 소프트웨어 영재학급에 다니며 평소에도 소프트웨어 수업에 관심이 많은 학생이었다. 엔트리로 간단한 게임도 이미 여러 개 만들었고 레고를 조립하고 코딩하는 것도 즐겨했다. 레고를 워낙 좋아해 학교 레고 동아리 회장이기도 한 현수였다.

연구부장 현수야, 이건 어떻게 만들었니?

현수 최근에 학교에서 재활용품을 구분하는 프로그램을 만든 적이 있는데요. 비디오 감지 AI를 활용하면 가위바위보 게임을 만들 수 있겠더라고요. 오히려 재활용프로그램보다 만들기 쉬웠어요. 변수도 몇 가지 안 되어서 머신러닝에도 얼마 걸리지 않았거든요.

연구부장 아, 이게 AI 프로그램을 활용한 거구나. 그런데 사람마다 가위바 위보 내는 모양이 다양하지 않아? 바위나 보는 그렇다 치고 가 위 같은 경우에는 다양한 모양이 있을 텐데?

현수 맞아요. 처음에 코딩했을 때 가위 2가지만 변수로만 지정 했거 든요? 첫 번째 변수는 엄지랑 검지를 펴는 것, 두 번째 변수는 검지랑 중지를 펴는 것 이렇게 두 가지로요. 그런데 몇몇 친구들 이 약지랑 새끼손가락을 내면서 가위라고 하는 거예요. 그래서 새로 변수를 추가해서 수정했죠. 나머지는 모양도 같고 내는 방 향만 고려해서 이미지를 학습시켰어요.

연구부장 듣고 보니 선생님도 해보고 싶은데? 한번 해볼까? 여기 카메라 에 보이게 가위바위보를 하면 되니?

현수 네. 카메라 앞에서 모니터 화면에 잘 보이도록 가위바위보를 하 면 컴퓨터가 랜덤으로 가위바위보를 내줄 거예요.

그때 아쉽게도 수업 시작을 알리는 종이 울렸다. 이 교사는 수 업 후를 기약하며 수업을 위해 6학년 교실로 들어갔다. 수업이 끝 나자 교실 밖에서 기다리던 이수빈 선생님이 급식 전 손 씻기를 위 해 아이들을 화장실로 보내고 있었다.

이 교사 고생하셨습니다. 오늘 저희 반 아이들은 수업 잘 듣던가요?

연구부장 네, 6학년 수업은 언제든 재미있죠. 안 그래도 선생님께 뭐 좀 여쭤보려고 했는데요. 이거 현수가 만든 프로그램이요. 정말 현 수 혼자 다 만든 거예요?

이 교사 제가 크게 도와준 건 없어요. 조금 막히는 부분에 힌트 정도만

주는 정도였지. 거의 대부분 혼자서 코딩해왔더라고요. 그렇게 코딩해와서 자기가 복도에 설치하고 친구들이 체험하게 해보고 싶다고 그래서 허락해줬죠. 한 번 해보시겠어요?

연구부장 안 그래도 해보려고 했어요. 수업 전에 해보려고 했는데 종이 쳐서 못했었거든요.

실제 가위바위보 게임을 해보니 단순히 가위바위보만 하는 것에서 끝나는 것이 아니었다. 승부 결과표도 있어 다른 친구들의 기록도 볼 수 있었다. 학생들의 아이디어로만 만들어져 게임적인 요소가 많이 들어가 있어 재미있게 해볼 수 있을 것 같았다.

〈AI와 가위바위보 대결! 나의 결과는?〉

나   컴퓨터

-3라운드를 모두 이긴 사람에게는 상품이!!! 없습니다.
기분이 좋을 뿐^^-

학년	이름	1라운드	2라운드	3라운드
6	이수빈선생님	승	승	패
5	김○○	패	승	승
...				

연구부장 이야~ 생각보다 엄청 꼼꼼하게 잘 만든 것 같은데요?

이 교사 네. 며칠 동안 현수가 고생하더니 처음보다 완성도가 높아졌어요.

연구부장 제가 AI 교육 선도학교 운영을 했으면 이런 아이디어 같은 건 생각지도 못했을 텐데, 선생님께서 운영해주시니 이렇게 기발한 것도 나오네요.

이 교사 너무 과찬이신데요? 그저 애들이랑 논 것밖에 없었는데요. 감사합니다. 얼른 식사하러 가시죠.

연구부장 네, 선생님. 식사 맛있게 하세요.

수업을 마치고 교무실로 내려오니 교무실 식구들도 점심 급식을 하기 위해 대기하고 있었다. 연구부장 선생님은 교감 선생님과 급식실로 걸어가며 6학년 현수가 만든 가위바위보 프로그램과 5, 6학년 학생들이 같이 만든 분리수거 도움 프로그램에 대해 이야기 했다.

교감 듣기만 해도 신기하군. AI 교육 선도학교로 선정되고 누가 맡아서 운영할지 걱정이었는데 적임자를 만난 것 같네.

연구부장 그러게 말입니다. 요즘 젊은 선생님들은 정말 다양한 능력이 많으신 것 같습니다. 특히 자신이 좋아하는 분야에서만큼은 여느 선배교사 못지않게 배울 게 많은 것 같습니다.

교감 그 프로그램이 복도에 설치되어 있다고? 밥 먹고 산책 겸 어떤 프로그램인지 가봐야겠네. 오랜만에 가위바위보도 한번 해보고 말이야.

엔트리- 가위바위보 AI 이미지 학습

01 ┃ 'https://playentry.org/'에 접속합니다.

02 ┃ '만들기'-'작품 만들기'를 클릭합니다.

03 ┃ '**인공지능**'-'**인공지능 모델 학습하기**'를 클릭합니다.

04 ┃ '**분류: 이미지**'-'**학습하기**'를 클릭합니다.

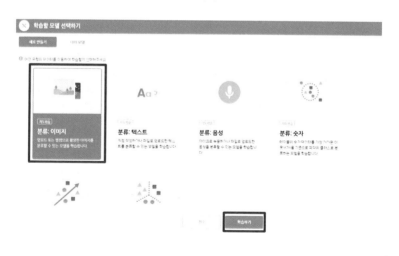

05 ｜ 가위바위보 이미지를 학습시켜 보겠습니다. **'클래스 추가하기'** 버튼을 클릭
하여 3개의 클래스를 추가하고 각각 가위, 바위, 보로 이름을 정합니다. 업
로드 또는 촬영을 통해 5개 이상의 이미지 데이터를 입력합니다.

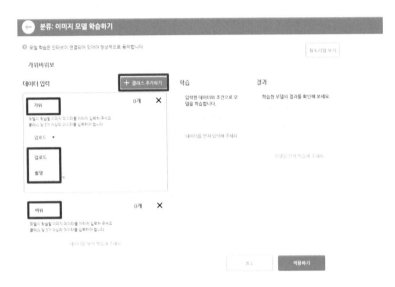

06 ｜ **'모델 학습하기'**를 클릭하여 학습시킵니다.

09. 엔트리 인공지능 학습 모델: 이미지 모델 학습

07 | 이미지를 업로드 또는 촬영하여 결과를 확인합니다.

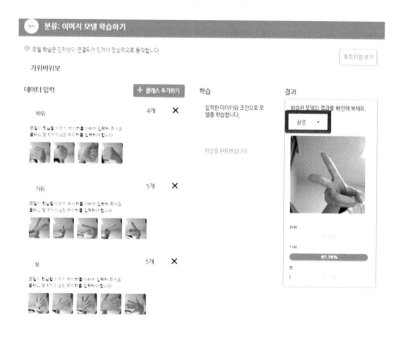

08 | 메인 화면의 `+ 오브젝트 추가하기` 아이콘을 클릭하여 필요한 오브젝트를 추가합니다. 가위바위보, 시작 버튼 오브젝트를 선택한 뒤 `추가하기` 버튼을 클릭합니다.

09 | '**속성**'-'**변수 추가하기**'에서 '**컴퓨터**', '**인식결과**' 변수를 넣고 **눈 모양의 아이콘**을 눌러 화면에서 숨겨줍니다.

10 | '**속성**'-'**신호 추가하기**'에서 '**인식완료**'를 추가해줍니다.

11 ┃ 각 오브젝트별로 블록을 입력합니다. 먼저 **'시작 버튼'** 오브젝트를 클릭하고 블록을 넣습니다.

① '시작'-'오브젝트를 클릭했을 때'
② '인공지능'-'학습한 모델로 분류하기'
③ '흐름'-'만일 □라면' 블록 안에 '판단'-'참 또는 거짓' 블록 2번 겹쳐 넣기 → 참과 거짓 위치에 '판단'-'□=□'블록 각각 3번 넣기→ '인공지능'-'분류 결과' 블록 넣고 등호(=) 옆에 각각 가위, 바위, 보로 넣어주기
④ '자료'-'인식결과를 분류결과(으)로 정하기'
⑤ '시작'-'인식완료 신호 보내기'

12 ┃ '나'의 **'가위바위보'** 오브젝트를 클릭하고 블록을 넣어줍니다.

① '시작'-'인식완료 신호를 받았을 때'
② '흐름'-'만일 □ 라면 아니면' 블록 2개 겹치기
③ '인공지능'-'분류 결과가 바위인가?'
④ '생김새'-'가위바위보 바위 모양으로 바꾸기'
⑤ '인공지능'-'분류 결과가 가위인가?'
⑥ '생김새'-'가위바위보_가위 모양으로 바꾸기'
⑦ '생김새'-'가위바위보_보 모양으로 바꾸기'
⑧ '생김새'-'('인공지능'-'분류결과')을(를) 말하기'

09. 엔트리 인공지능 학습 모델: 이미지 모델 학습

13 ㅣ '컴퓨터'의 **'가위바위보'** 오브젝트를 클릭하고 블록을 넣어줍니다.

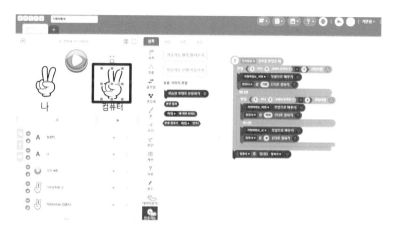

① '시작'-'인식완료 신호를 받았을 때'
② '흐름'-'만일 ☐ 라면 아니면' 블록 2개 겹치기
③ '판단'-'('계산'-'1부터 3 사이의 무작위 수')=1'
④ '생김새'-'가위바위보_가위 모양으로 바꾸기'
⑤ '자료'-'컴퓨터를 가위로 정하기'
⑥ '판단'-'('계산'-'1부터 3 사이의 무작위 수')=3'
⑦ '생김새'-'가위바위보 바위 모양으로 바꾸기'
⑧ '자료'-'컴퓨터를 바위로 정하기'
⑨ '생김새'-'가위바위보_보 모양으로 바꾸기'
⑩ '자료'-'컴퓨터를 보로 정하기'
⑪ '생김새'-'('자료'-'컴퓨터 값')을(를) 말하기'

14 ┃ 가위바위보 AI가 잘 되는지 확인하기 위해 화면의 재생버튼을 클릭합니다.

15 ┃ 시작 버튼을 눌러 시작합니다.

09. 엔트리 인공지능 학습 모델: 이미지 모델 학습

16 ┃ 이미지를 촬영한 뒤 **'적용하기'** 버튼을 클릭합니다.

17 ┃ 결과값이 화면에 나타납니다. 시작 버튼을 클릭하여 가위바위보를 반복할
수 있습니다.

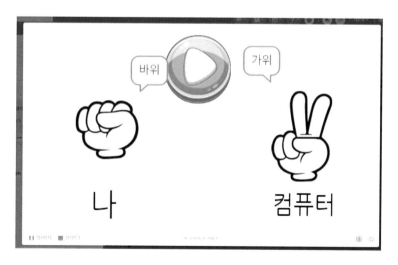

혼자 하는 말판놀이

◇ 엔트리 가위바위보를 이용해 AI와 말판놀이를 해봅시다.

〈게임 규칙〉
1. 모션 인식을 이용한 엔트리 가위바위보 게임을 활용한다.
2. 컴퓨터의 말과 나의 말을 각각 준비한 후 가위바위보 결과대로
   움직인다.
3. 이긴 경우 2칸, 비긴 경우 1칸 이동한다.
4. 먼저 도착지점에 도달한 쪽이 승리한다.

출발

도착

나
혼자
논다

1라운드 승리		2라운드 승리		3라운드 승리	

엔트리 인공지능 블록 활용하기
: 비디오 감지

　일 년을 학교에서 보내면 '무슨 ○○ 주간이 왜 이렇게 많지?'라는 생각이 들게 된다. 주간 행사에만 맞춰서 시간표를 짜더라도 창의적 체험활동 시수를 거의 사용할 수 있을 정도다. ○○ 주간의 종류가 많이 없으면 부담이 되지 않는데, 예전에는 주간마다 다양한 행사를 하곤 했다. 주간 행사를 모두 챙기다 보면 정작 교과 수업 진도를 맞추지 못하는 경우도 생기게 된다. 일반적으로 초등학교에서는 교육 주간의 종류만 해도 친구사랑, 학교폭력예방교육, 정보통신윤리교육, 나라사랑교육, 생명존중교육, 장애이해교육, 독도교육 등으로 다양하다. 올해 미래초등학교에서는 이런 교육 주간의 종류를 축소하거나 합해서 교과 활동에 무리가 가지 않도록 교육과정을 수립하였다. AI 교육 선도학교답게 학기별로 한 번씩은 계획하고 있는 AI 교육 주간을 1학기에는 친구사랑 주간과 합

처서 운영하기로 했다. 모든 행사를 교육 주간으로 만들어 선생님들의 부담을 늘리기보다는 축소할 것은 축소하고 합칠 수 있는 것들은 합쳐서 교육하는 것이 궁극적으로 좋을 것으로 생각되었다. 이런 계획은 연구부장 선생님의 의견이 크게 반영된 것이었다. 학교 교육과정을 수립하다 보면 가장 쉬운 방법이 작년의 것들을 답습하는 것이다. 큰 고민 없이 작년에 했던 행사나 기준들을 올해에도 그대로 적용하는 것은 모두에게 편한 방법이었다. 교육과정을 직접 설계하는 연구부장 선생님도 새로운 행사를 고민할 필요 없고 관리자들의 입장에서도 늘 하던 행사이니 크게 신경 쓰지 않아도 되었다. 업무를 실행하는 선생님들도 작년 기안문을 찾아보며 적절하게 수정만 하면 되었기에 큰 부담이 없었다. 하지만 없던 행사를 시행한다거나 있던 행사를 크게 수정해서 진행한다면 교육 주체들에게는 부담이 된다. 하지만 연구부장 선생님은 올해 중복되거나 비슷한 성격의 행사들은 통합하거나 서로 성격이 다른 행사라도 적절히 융합하는 방법을 택했다. 그 첫 시도가 곧 다가오는 친구사랑 주간, 학교폭력예방 주간, AI 교육 주간을 합친 주간이다. 처음에 교육과정 수립 시 친구들과 AI 프로그램을 친구, 선후배들과 함께 만들며 학교폭력예방교육을 함께하는 방향으로 잡았다. 너무 대략 잡아놓아 막상 행사를 진행하려니 막막한 생각이 들었다. 연구부장 선생님은 AI 교육 주간을 맡은 이수빈 선생님에게 도움을 받기로 하였다. 다음 주 월요일은 전문적 학습 공동체 모임이 있어서 그 전에 어느 정도 기안이나 대략적인 윤곽이 드러나야 했다. 연구부장 선생님은 AI 교육 주간 담당자인 이 교사와 함께 행사 운영에 관한 이야기를 하기 위해 6학년 교실로 향했다.

10. 엔트리 인공지능 블록 활용하기: 비디오 감지

"똑똑."

이 교사   네, 들어오세요.

연구부장   선생님, 우리 아까 말했던 교육 주간을 어떻게 운영할지 이야기
              좀 해볼까요?

이 교사   네, 좋아요. 미래초등학교에서는 작년에 어떻게 진행했나요?

연구부장   작년에는 각 교육 주간들을 다 따로 진행했어요. 그래서 학년말
              교육과정 협의회 때 교육 주간을 줄이거나 축소해서 운영하자
              는 의견들이 많았죠.

이 교사   그럼 작년까지만 해도 거의 모든 교육 주간을 다 운영한 건가
              요? 저는 올해 들어오고 연간계획표를 보니 각 행사 중에 정말
              필요한 행사들만 운영되어 효율적인 교육과정이 운영된다고 느
              꼈는데요.

연구부장   그걸 제가 또 선생님들이나 관리자분들 설득해가며 바꿨다는
              거 아니겠습니까.

이 교사   어른들 설득하기 쉽지 않으셨을 텐데 대단하시네요. 작년 교육
              주간들은 어떻게 운영되었나요? 특히 친구사랑 주간 같은 경우
              에는요.

연구부장   특별하게 운영된 것은 없었네요. 친구를 사랑하는 마음이 드러
              나도록 편지쓰기, 친구의 소중함 표어 쓰기, 친구 얼굴 그리기
              같은 걸 하거나 친구들과 공동작품 만들기 같은 걸 했죠. 개인
              적인 생각으로는 교육적인 효과도 덜한 것 같고 몇 년째 비슷한
              행사를 하니 학생들도 지루해 하는 것 같더라고요.

이 교사   조금 그럴 수도 있겠네요. 음…. 친구들과 같이 공동작품을 만드

는 건 어떻게 풀어내느냐에 따라 충분히 흥미를 느낄 수 있겠는데요?

연구부장 저도 그렇게 생각해요. 친구들과 AI 프로그램을 만들며 서로 배려하고 존중하는 경험도 갖는 거죠.

이 교사 저는 일단 AI 교육 행사만 생각해 봤을 때 두 가지 정도 방법으로 생각해봤는데요. 첫 번째는 부스 운영 형태로 진행하는 거예요. 동아리나 다모임 조별로 AI 교육과 관련된 부스를 설치해서 체험해볼 수 있도록 하는 거죠. 이 방법은 학년 통합식으로 운영하는 방식이고요.

연구부장 부스 운영 형태로 하면 조금 일이 커져 버리지 않을까요? '부스'라고 하면 왠지 천막치고 책상을 설치해서 교육프로그램을 운영해야 할 것 같은 느낌이 나서요. 각 반 담임 선생님들이 부담될 것 같아요.

이 교사 어휴, 그렇게까지 하면 확실히 행사에 부담이 가죠. 그럼 두 번째로 생각한 방식은 학년별로 AI 교육을 각 반에서 해보는 것이에요. 각 학년에 맞는 교육프로그램을 각 반 선생님들께서 진행해보시는 거죠. 이 방법이 가장 간단할 듯한데, 막상 학년별로 하자니 1, 2, 3학년의 경우 AI 교육을 도맡아 하기가 학생 수준에 맞을지 걱정이 좀 되더라고요.

연구부장 확실히 저학년생에게는 AI 교육을 다루기가 아직 어렵죠. 저학년 대상으로 한 교육 자료가 그렇게 많은 것도 아니니까요. 그러면 소프트웨어 교육을 할 때처럼 저학년도 할 수 있는 언플러그드 활동 같은 걸 찾아보거나 고학년생들이 도와주면 되지 않을까요?

이 교사　저학년이 할 수 있는 활동이라… 제가 저학년 교육과정이나 학
　　　　생발달 수준을 잘 몰라서 그런데 1, 2학년 선생님과도 한번 이
　　　　야기를 나누며 정하면 좋을 것 같네요. 그러고 보니 학교폭력예
　　　　방교육 주간도 같은 주간 아닌가요?

연구부장　맞아요. 학교폭력예방 캠페인도 그 주간에 있어요.

이 교사　학교폭력이나 친구사랑이나 모두 상대방을 이해하고 공감하는
　　　　활동으로 구성하면 어떨까요? 예를 들어 친구가 하는 말을 듣고
　　　　친구의 기분을 맞추는 퀴즈프로그램을 만드는 활동이나 친구 사
　　　　진을 보고 기분을 알아맞히는 활동을 하는 식으로 말이에요.

연구부장　사진을 보고 감정도 판단할 수 있나요? 그러면 저번에 이미지
　　　　학습을 한 것처럼 학생들 표정을 학습시켜보는 활동도 괜찮을
　　　　것 같아요. 2학년 국어 3단원《마음을 나누어요.》 같은 경우에
　　　　도 감정에 대해 배워서 저학년생들도 참여할 수 있을 것 같아요.

이 교사　역시 연구부장님이시네요. 수업도 안 들어가는 2학년 단원도 잘
　　　　아시고! 엔트리에 표정을 인식하는 블록이 있어 가능할 듯해요.

연구부장　그런데 감정을 알아차리는 건 어렵지 않나요? 듣기만 해도 어려
　　　　워 보이는데… 학생들 감정을 구분할 수 있는 프로그램도 코딩
　　　　할 수 있을까요?

이 교사　학생들의 감정을 담은 사진들을 찍으면서 빅데이터 자료를 만드
　　　　는 데 시간이 좀 걸리기는 하겠지만 가능할 것 같은데요? 예를
　　　　들어 프로그램에 '놀라움'이라는 감정을 학습시키기 위해 놀란
　　　　얼굴 사진을 여러 장 촬영하고 학습시키면 되니까요. 방법만 알
　　　　면 어찌 보면 단순 작업이에요.

연구부장　좋아요! 그럼 제가 다음 전문적 학습 공동체 모임 때 담임 선생

님들께 학생들의 다양한 얼굴 표정을 담은 사진들을 찍어달라고 할게요.

이 교사 그것도 좋지만, 고학년 학생들이 직접 사진을 찍어서 업로드 하는 것이 효율적일 것 같아요. 생각보다 많은 사진이 필요해서 선생님들께서 하나하나 사진을 찍는 데에만 너무 많은 시간이 걸릴 것 같아요. 학생들이 쉬는 시간이나 점심시간을 이용하면 수업에도 큰 지장 없을 듯하고요.

연구부장 그렇게 해주시면 너무나 좋죠. 그럼 제가 다음 전문적 학습 공동체 모임 때 주간교육계획이랑 AI 프로그램에 같이 사용할 수 있는 학습지도 만들어 갈게요.

이 교사 네. 제가 한 번 시험용으로 만들어서 드릴 테니까 맞추어서 학습지나 주간계획을 세우시면 될 것 같아요.

연구부장 말 그대로 '주간'이니까 일회성으로 끝나는 수업이 아닌 1주일간 할 수 있는 주간 계획을 만들어볼게요.

이 교사 내일 시험용 프로그램 하나 만들어서 보여드릴게요. 오늘은 벌써 퇴근 시간이 다되었네요.

연구부장 그러네요. 얼른 퇴근 준비하시고 내일 봐요!

며칠 후 전문적 학습 공동체 모임 시간 연구부장 선생님은 'AI/친구사랑/학교폭력예방 교육 주간 계획'을 수립하였다. 주간계획은 이 교사와 나눈 의견대로 전교생이 함께 참여할 수 있는 프로그램으로 기획되었다. 특히 AI 프로그램을 설계하고 체험하는 데 그치는 것이 아니라 AI 프로그램에 이름을 붙여보는 활동도 하는 것도 특이했다. 이 교사가 구안한 프로그램은 AI가 사용자의 표정을 인식하고 거기에 어울리는 감정을 구분하는 것을 기본으로 하고 있었다. 거기에 더해 친구에게 말하듯 말을 건네는 식으로 음성구현 기능도 넣어 설계하였다.

▶ 감정을 구분하는 AI 프로그램 예시

선생님들 대부분 이와 같은 교육 주간 운영방식에 적극 찬성을 하였다. 특히 AI 교육에 소극적이었던 4학년 임현숙 선생님께서 유독 좋아하셨다. 본인은 요즘 학생들보다 휴대폰도 잘 못 다루는데 이런 AI 교육 주간을 운영하기에 부담되었던 것이었다. 협의 끝에 'AI/친구사랑/학교폭력예방 교육 주간 계획'은 다음과 같이 진행하기로 하였다.

〈AI/친구사랑/학교폭력예방 교육 주간 계획〉

대상 학년	월	화	수	목	금
전교생	표정 입력 감정에 따른 사진 촬영하기, 고학년생들이 저학년생들 빅데이터용 사진 촬영 도와주기		친구사랑 학습지	AI 친구 이름 공모	AI 친구와 대화하기 (중앙현관)
6학년	표정 입력 프로그램 구상 및 구현			AI 반응 입력	

엔트리 - 감정 인식

01 | 'https://playentry.org/'에 접속합니다.

02 | 상단 메뉴의 '**만들기**'-'**작품만들기**'를 클릭합니다.

10. 엔트리 인공지능 블록 활용하기: 비디오 감지

03 | 　＋ 오브젝트 추가하기　 를 눌러 오브젝트를 추가합니다.

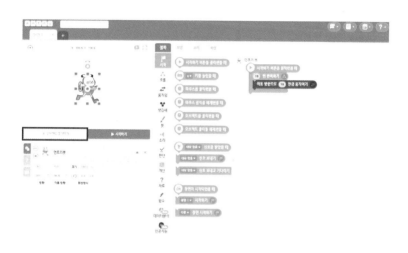

04 | 다양한 오브젝트 중에서 원하는 것을 선택하고 　추가하기　 버튼을 클릭
합니다.

05 | '시작'-'시작하기 버튼을 클릭했을 때'를 넣어줍니다.

06 | 감정 인식 AI를 활용하기 위해 **'인공지능'-'인공지능 블록 불러오기'**를 클릭합니다.

07 | '**비디오 감지**'를 클릭하고 '**추가**' 버튼을 클릭합니다. 감정 인식 카메라는 IE 와 애플의 IOS를 제외하고 사용가능합니다.

08 | '**인공지능**'-'**비디오 화면 보이기**' 블록을 넣습니다.

09 ㅣ '생김새'-'~을(를) ~초 동안 말하기' 블록을 넣고 적당한 말로 수정합니다.

10 ㅣ '흐름'-'계속 반복하기' 블록을 넣어줍니다.

10. 엔트리 인공지능 블록 활용하기: 비디오 감지

11 ㅣ '**인공지능**'-'**사람 인식 시작하기**' 블록을 넣고 '**얼굴 인식 시작하기**'로 바꿔줍니다.

12 ㅣ '**흐름**'-'**만일 참이라면**' 블록을 넣습니다.

13 ㅣ '인공지능'-'얼굴 인식이 되었는가?' 블록을 **'만일~ 이라면'** 조건에 넣습니다.

14 ㅣ '인공지능'-'인식된 얼굴 보이기' 블록을 넣습니다.

10. 엔트리 인공지능 블록 활용하기: 비디오 감지

15 ┃ '생김새'='안녕!을(를) 말하기' 블록을 넣습니다.

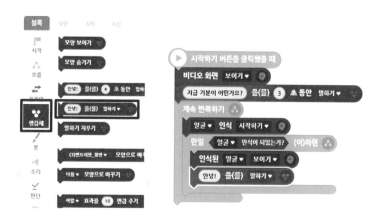

16 ┃ '계산'-'안녕! 과(와) 엔트리를 합치기' 블록을 '~을(를) 말하기' 블록에 2개 겹쳐 넣습니다.

17 ┃ '**인공지능**'-'**1번째 얼굴의 감정**' 블록을 중간에 넣고 양 옆에는 적절한 대사를 넣습니다.

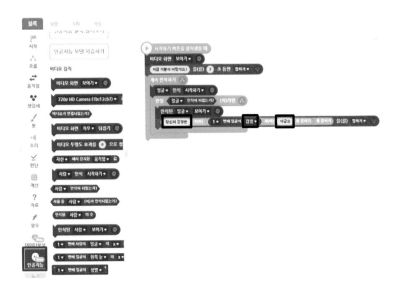

18 ┃ **재생** 버튼을 눌러 카메라에 얼굴을 인식하면 인식된 감정을 말합니다.

10. 엔트리 인공지능 블록 활용하기: 비디오 감지

표정을 구분해주는 AI

◇ 친구들의 표정을 구분해주는 AI가 있다면 어떨까요? 친구의 기분에
따라 함께 행복해하거나 위로해 줄 수 있는 AI친구를 만들어봅시다.
AI가 사람의 표정을 구분하기 위해서는, 먼저 웃는 얼굴(기쁨)과 우는
얼굴(슬픔) 등 다양한 표정에 대한 데이터가 있어야 합니다. 다음 얼
굴 데이터를 보고 웃는 표정에는 '기쁨'을, 우는 표정에는 '슬픔'을 적어
봅시다.

◇ AI는 위와 같이 구분된 표정에서 어떤 공통점을 찾을 수 있을까요?

	웃는 얼굴(기쁨)	우는 얼굴(슬픔)
AI가 인식할 수 있는 특징		

이미지 자동 완성하기
: 오토드로우

학생 1 선생님! 저희도 컴퓨터실 가서 수업해요!

학생 2 맞아요. 5, 6학년은 컴퓨터실도 자주 가는데 우리는 저번에 한 번 밖에 못 갔잖아요.

임 교사 5, 6학년이 컴퓨터실 가는 건 실과 수업에서 컴퓨터를 배우기 때문에 그런 거예요. 얼른 책 펴고 수업합시다.

학생들 아~ 우리도 컴퓨터실 가고 싶은데….

지난주 AI 교육 주간을 거친 후 컴퓨터실에서 수업하자는 4학년 학생들의 요구가 부쩍 늘었다. AI 교육 주간에 태블릿으로 수업도 하고 인터넷을 이용할 수 있었다는 것이 재미있었던 모양이다. 평소 5, 6학년이 각 반에서 AI 수업을 할 때만 해도 자신들의 수준에 어려워 보였는지 그저 신기해하기만 했었다. 그런데 지난주 AI 교

166   11. 이미지 자동 완성하기: 오토드로우

육 주간을 거치면서 4학년 아이들에게도 자신감이 붙은 모양이다. 단순한 흥미나 호기심에서 벗어나 자신들도 직접 AI 작품을 만들어보고 싶은 것 같았다. 지금껏 AI 수업이 멀게만 느껴졌던 것은 학생들뿐만 아니라 임 교사도 마찬가지였다. 실과 교과에 소프트웨어 교육이 도입되고 정식으로 5, 6학년 학생들에게 소프트웨어 교육을 해야 하는 부담이 생기면서 고학년의 담임 자리는 꺼려지게 되었다.

임 교사는 20여 년 전에 처음 컴퓨터가 학교에 도입될 때만 해도 여러 선배 선생님들께 연수를 도맡아 하곤 했었다. 하지만 세월이 20여 년 가까이 지나다 보니 이제는 임 교사가 선배 교사의 위치가 되어 새로운 기술을 이해하고 수업에 적용 해야했다. 새로운 것을 익히기 위해 이전보다 들여야 하는 시간이나 노력이 많아지다 보니 자연스레 잘 이용하지 않게 되었다. 그런 와중에 근무하던 학교가 AI 교육 선도학교로 지정되면서 올해는 부담이 늘었다. 큰 학교라면 선생님들이 많아 몇몇 원로 선생님들은 이런 업무는 하지 않도록 배려받는 분위기지만 6학급의 작은 학교에서는 모두가 업무에 참여해야 했다. 그리고 5월에는 동료장학 공개수업이 있는 달이라서 AI 교육과 관련된 공개수업을 진행해야 했다. AI 교육에서 다루는 내용이 들어가야 했기 때문에 어느 때보다 부담이 되는 수업이었다.

아이들이 모두 하교 한 시간, 임 교사는 AI 수업에 대한 고민거리도 나누고 수다도 떨 겸 1층 교무실로 발걸음을 옮겼다. 2층 교사용 휴게실을 주로 쓰는 다른 선생님들이 대부분 20~30대이다 보니 임 교사도 자신의 또래들이 있는 교무실을 자주 찾게 되었다. 교무보조 주무관님이나 교감 선생님, 교무부장 선생님도 모두 50대고 연구 선생님은 40대여서 수다 떨거나 의논을 하기에는 교무실이 마음이 편했던 것이었다. 교무실에 들어서니 안 그래도 교감, 교무부장, 연구부장, 교무보조 선생님들이 한껏 이야기를 나누고 있었다.

임 교사 무슨 재미난 이야기 하고 있어요? 밖에까지 웃음소리가 들리네요.

연구부장 아 선생님 오셨군요. 좀 있으면 현장체험학습도 가야 할 텐데 그 장소에 대해 이야기 하고 있었어요.

교무부장 잘됐네요. 선배님 오셨으니 이 근처에 체험학습 가기 좋은 곳 추천 좀 해주세요. 우리는 매번 갔던 곳만 가봐서 후보지로 내세울 게 생각이 잘 안 나네요.

임 교사 우리 학교는 학생 수도 적으니까 전 학년이 같이 가는 게 좋더라고요. 너무 더워지기 전에 양떼목장, 수목원 같은 것 가보는 건 어때요? 아니면 근처 산림원에도 교육프로그램 있던데요.

연구부장 양떼목장, 산림원은 생각 못 했는데 이곳도 알아봐야겠어요. 후보지가 몇 가지 나오긴 했는데 적당한 곳이 없었거든요. 감사합니다. 다음 전문적 학습 공동체 모임 시간에 현장 체험학습에 대해 이야기 나눠봐야겠어요.

교무부장 그러고 보니 다음 회의 때 선배님 동료 장학 이야기도 해야겠네요. 혹시 어느 수업을 하실지 생각해보셨어요?

임 교사 일단 AI 교육과 관련된 내용이 포함되어야 한다는 생각에 고민이 많아지네요. 4학년 학생들이 엔트리를 아직 다룰 줄 몰라서 5, 6학년처럼 프로그램을 만들 수도 없어서요.

연구부장 직접 AI 교육프로그램을 설계하는 수업은 어렵겠죠. 그럼 간단한 앱이나 프로그램을 이용해 보시는 건 어때요? 휴대전화로 앱을 다루는 데는 어렵지 않게 할 수 있을 것 같은데요?

교무부장 우리 1학년들 AI 프로그램 하나 써봤는데 이것도 4학년이 쓰기에 좋을 것 같은데요. [오토드로우]라는 사이트인데 1학년들은 제가 거의 해줬는데 4학년 아이들은 충분히 할 수 있을 거예요. 혼자가 힘들면 짝 활동이나 모둠 활동으로 해도 좋고요.

임 교사 어떤 프로그램이에요?

교무부장 프로그램이라기보다는 AI 기능을 이용해 볼 수 있는 사이트인데요. 자동으로 그림을 완성해주는 사이트인데요. 일반 포털 검색창에 '오토드로우'를 검색하고 사이트에 접속한 뒤 'Start Drawing'을 누르고 자신이 원하는 그림을 그리면 끝이에요.

연구부장 그림을 자동으로 그려 준다는 게 잘 이해가 안 되는데요?

교무부장 예를 들어 선생님이 동그라미를 그리면 동그란 물체인 사과, 공, 반지 같은 그림을 추천해주는 거죠.

임 교사 추천해주면 학생들은 따로 그리지 않아도 되는 건가요?

교무부장 아무래도 설명하는 것보다 직접 보여 드리는 게 쉬울 것 같아요. 태블릿에 한 번 해볼게요. 이렇게 사이트에 접속하고 동그라미를 그리면 위쪽에 추천 그림이 나타나요. 추천 그림을 선택하면 굳이 어렵지 않게 이렇게 간단히 축구공 그림으로 바뀌는 거죠.

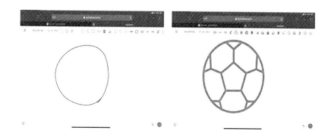

임 교사 와~ 신기하네요. 제가 한번 해볼게요. 이렇게 옆에 작은 동그라미를 그리고 복숭아를 선택하면? 이렇게 쉽게 그림이 바뀌네요.

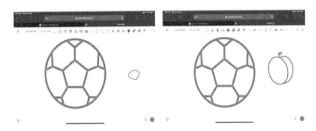

연구부장 특히 그림 그리는 것을 어려워하는 학생들에게 도움이 될 것 같아요. 4학년에는 구체적으로 그림을 그리거나 세밀하고 사실적으로 그리는 수업이 미술이나 과학 시간에 나오는데 이때 사용하면 좋겠는데요?

임 교사 그러네요. 안 그래도 제가 가르치는 과학 3 단원이 《식물의 한살이 단원》이잖아요. 수업해보니 학생들이 식물을 관찰하고 그리는데 애를 많이 먹더라고요.

연구부장 맞아요. 특히 관찰 내용보다 그림 그리기에 신경 쓰느라 차시별 성취기준 목표에 도달하지 못하는 경우도 더러 있잖아요. 식물의 한 살이 단원에서는 식물의 잎, 줄기, 뿌리 등을 관찰하고 특징을 파악해야 하는데 실험 관찰에 똑같이 그려야 한다는 압박감을 가지는 것 같았어요.

임 교사 평가하는데도 좀 난감하긴 하죠. 그림 그리는 실력을 평가하는 것도 아닌데 아이들은 그림 그리는 데만 열중하고 있어서 제대로 된 평가가 되지 않았거든요. 그런데 이 프로그램을 이용하면 학생들이 그림 그리기에 대한 부담을 덜겠네요.

교무부장 네, 태블릿 PC 펜을 이용하면 더 쉽게 사용할 수 있더라고요. 처

11. 이미지 자동 완성하기: 오토드로우

음에는 웹사이트라서 컴퓨터를 이용해야 하는 줄 알았는데 태블릿으로도 모든 기능이 사용되더라고요.

연구부장 선생님 정말로 이 프로그램으로 수업해보시는 것 어때요? 태블릿을 이용해서 4학년 학생들도 좋아할 것 같고 이용하는 데 어렵지도 않을 것 같은데요?

임 교사 좋은 아이디어 같아요. 감사해요, 교무부장 선생님. 그 전에 한번 미리 이용해보는 시간을 가지는 게 좋겠어요. 하다가 모르는 부분이 생기면 들고 내려 올 테니 좀 도와주세요.

교무부장 당연하죠. 아마 한번 해보시면 금방 익숙해지실 거예요.

임 교사는 한 차례 수다를 떨고 나니 마음 한구석에 계속 남아있던 동료 장학 수업에 대한 부담감도 한결 덜어지고 편안해졌다. 퇴근 시간까지는 한 시간 남짓 남아있었다. 임 교사는 컴퓨터실에 보관되어 있던 태블릿을 하나 빌려 '오토드로우'를 실행시켜보았다. 직접 이용해보니 조금 헷갈리는 부분들이 있었지만, 교무부장 선생님의 말대로 금세 알 수 있었다. 거의 다 왼쪽 하단 부분의 메뉴 버튼을 터치하니 다양한 기능을 이용할 수 있었고 어렵지 않았다. 그림을 그리는 것뿐만 아니라 텍스트로 글을 쓸 수 있는 기능, 도형 내부를 색칠하는 기능, 특정 도형을 그리는 기능들이 있어 수학 도형 단원에서 도형을 그릴 때나 일반 미술 수업에서도 이용될 수 있겠다고 생각했다.

임 교사는 실제 동료 장학 공개수업에 이용하기 전에 미술 시간에 [오토드로우]를 이용해보았다. 공개수업에서 처음으로 사용하기에는 학생들도 조작 방법이 낯설어 어려울 수 있고 교사 입장에서도 돌발변수들을 미리 확인하기 위해서였다. 미술 수업에서 '디지털기기를 활용하여 그림 그리기'라는 주제로 수업을 하였다. 이 수업에서 집중도가 높았던 학생들은 평소 미술 수업에 흥미가 없던 몇몇 남학생들이었다. 이 학생들은 수업 전부터 태블릿으로 수업을 한다는 것에 한껏 기대가 부풀어 있었다. 그림 실력이 출중하지 않아도 비슷한 모양으로 그리고 선택만 하면 되기 때문에 부담 없이 즐겁게 수업에 참여했다. 미술 수업 후 쉬는 시간 임 교사는 유독 집중하고 있던 지형이에게 미술 수업 소감을 물어보았다.

임 교사	지형아. 오늘 미술 수업 어땠어? 재미있었어?
지형	네! 태블릿 가지고 그림 그리고 하니까 재미있었어요. 색칠도 저절로 할 수 있고 그림도 고를 수 있어 쉽게 쉽게 할 수 있었어요.
임 교사	그랬구나! 다행이다. 선생님은 너희들이 잘 모르는 스마트기기를 이용하면서 어려워하거나 하지 않을까 걱정했거든.
지형	별로 어렵지 않았어요. 그런데 가끔 제가 그리는 거랑 전혀 다른 모양이 나오기도 하더라고요. 그럴 때는 다시 지우고 조금 신경 써서 그리면 제가 원하는 모양이 나와서 괜찮았어요.

학생들의 반응을 살펴본 임 교사는 이번 동료 장학 수업에서 [오토드로우]를 활용한 과학 수업을 하기로 마음먹었다. 이제 거의 수업은 다 구성한 것이나 다름이 없었다. 대신 이 도구를 수업의 어느 단계에 적용해야 학생들이 기대한 효과를 거둘지 생각해야 했다. 이런 수업 설계 시 참고 자료로는 역시 지도서와 교과서만 한 것이 없었다. 해당 차시의 수업에서는 식물을 관찰하는 것이 주된

활동이었기 때문에 실험관찰에 기록하지 않고 [오토드로우]를 사용해도 충분해 보였다.

초보적인 수준의 AI 기술을 이용하는 수업이지만 덕분에 그림을 그리는 기술보다는 내용에 집중할 수 있어 보였다. 그러한 깨달음은 평소 내용보다 방법에 치중한 설명을 했던 자신의 수업 방식을 반성하게 했다. 머지않은 미래에서는 단순히 악기를 연주하고 그림을 그리는 수준의 기능들은 하나의 수업 도구가 되지 않을까? AI 기술을 활용한 수업이 보편화 되면 이와 같은 기능들보다는 그 기능을 활용하는 능력이 훨씬 각광 받을 것 같았다. 임 교사는 '아이디어만 내면 지도안을 작성하고 수업 설계까지 해주는 AI 프로그램이 있으면 어떨까?'를 상상하며 키보드 자판을 두드렸다.

|||||||||| 오토드로우(자동으로 그림 완성) ||||||||||

01 | '**https://www.autodraw.com/**'에 접속합니다. Start Drawing 을 누릅니다.

02 | 그림을 그리는 화면이 나옵니다. 왼쪽에서 여러 기능을 선택할 수 있습니다.

화면에서 'AutoDraw' 기능이 활성화 되어 있습니다.

03 | 그림을 그리면 내가 그린 것과 관련된 그림이 화면 상단에 나타납니다.

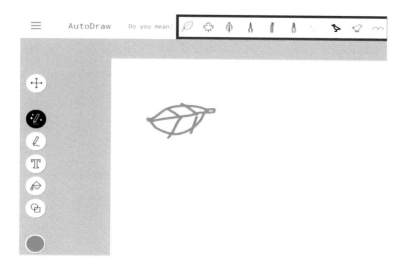

04 | AI의 그림 중 마음에 드는 것을 눌러 선택하면 자동으로 그림이 그려집니다.

05 | 왼쪽 메뉴의 다양한 기능을 사용하여 나만의 작품을 만들 수 있습니다.  'Fill' 기능을 사용하면 원하는 색상으로 그림을 칠할 수 있습니다.

06 | 왼쪽 메뉴에서  'Draw'를 클릭하면 AI의 자동그리기 기능을 사용하지 않고 그림을 그릴 수 있습니다. 상단에서 펜의 두께를 설정할 수 있습니다.

11. 이미지 자동 완성하기: 오토드로우

07 ㅣ 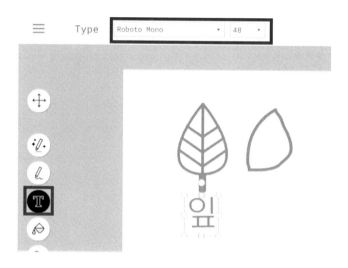 **'Type'** 기능을 사용하면 원하는 문구를 입력할 수 있습니다. 상단에서 글자 크기와 글자체를 정할 수 있습니다.

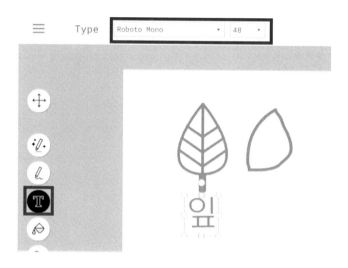

08 ㅣ **'Shape'** 기능을 사용하여 원, 사각형, 삼각형 도형을 그릴 수 있습니다.

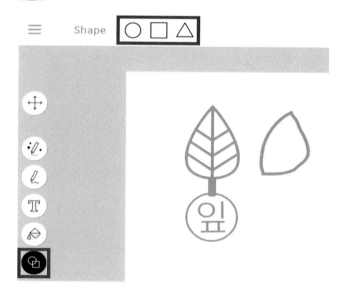

09 | 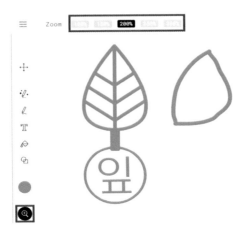 **'Zoom'** 기능을 사용하여 확대하거나 축소할 수 있습니다.

10 | **'Undo'** 기능을 사용하여 실행한 작업을 취소할 수 있습니다.

11 ┃ 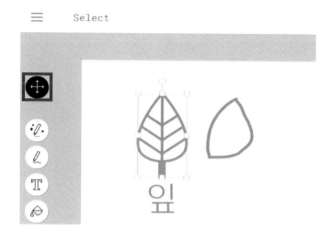 **'Select'** 기능을 사용하여 개체를 선택할 수 있습니다. 위치를 옮기거나 크기를 조절할 수 있습니다.

12 ┃ 파레트에서 다양한 색상을 선택하여 그림을 그리거나 칠할 수 있습니다.

13 | 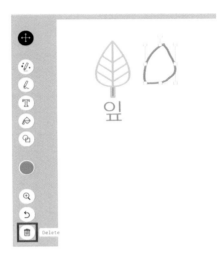 **'Delete'** 기능을 사용하여 선택된 개체를 삭제할 수 있습니다.

14 | 왼쪽 상단의 **'메뉴'** 버튼을 클릭한 뒤 **'Download'** 버튼을 클릭하여 그림을 내려받을 수 있습니다.

식물의 잎 관찰하기

◇ 오토 드로우를 이용하여 다음 그림과 같이 여러 종류의 식물의 잎 이미지를 만들어봅시다.

미래 인공지능 서비스 상상해보기

　점심을 먹고 잠이 쏟아지는 것은 배가 불러서일까, 따스한 햇볕 때문일까? 이 교사는 점심 급식 후 나른한 몸을 이끌고 운동장 벤치에 앉았다. 겨울과 꽃샘추위에 움츠렸던 몸이 5월이 다 되어서야 풀리는 듯했다. 벤치에 앉아 눈을 감고 하늘을 올려다보니 따스하게 느껴졌던 햇볕이 점점 따갑게 느껴졌다.

　"일광욕 중이세요?"

　눈이 따스함을 넘어 뜨겁게 느껴질 무렵 이 교사를 부르는 목소리가 들렸다. 2학년 선생님이신 장지영 선생님이셨다.

장 교사　봄 햇볕에는 며느리 보내고 가을 햇볕에는 딸 보낸다던데 얼굴 다 타겠어요.

이 교사　슬슬 뜨거워지네요. 더 못 앉아 있겠네요. 선생님도 일광욕하러 나오셨어요?

장 교사 밖을 보니 날씨가 너무 좋아서 한번 나와보고 싶어서 나왔어요. 그래도 이번 주는 하루만 더 나오면 쉬네요.

일	월	화	수	목	금	토
	1	2	3	4	5 어린이날	6
7	8 어버이날 (재량 휴업)	9	10	11	12	13

이 교사 그렇죠? 오늘이 5월 3일 수요일이니까 5일 어린이날, 8일 어버이날 재량휴일까지 해서 금, 토, 일, 월요일까지 4일 쉬네요. 4월은 휴일이 없어서 힘들었는데 5월은 그래도 좀 낫네요.

장 교사 내일도 어린이날 맞이해서 미니올림픽하고 나면 하루가 금방 갈 것 같은데요? 혹시 어린이날 이브 기념으로 준비하신 활동 있으세요?

이 교사 글쎄요. 저희 반은 일단 어버이날 맞이해서 부모님께 편지쓰기만 생각했는데 식상한 감이 있네요.

장 교사 우리 2학년 아이들은 아직 초등학교에서의 식상함은 느끼지 않아서 좋은 것 같아요. 늘 새롭게 생각해줘서 활발한 것 같아요.

이 교사 2학년이라…. 저학년은 한 번도 맡아보지 못해서 상상이 안 되네요. 전담, 5, 6학년만 매번 번갈아 가며 해서 1, 2학년 아이들은 아직 저에게 미지의 세계인 것 같아요.

장 교사   그렇죠. 아무래도 남 선생님들은 저학년을 하실 기회가 잘 없으시죠. 담에 기회가 되면 저학년 한번 해보세요. 정말 힐링 받는 기분 드실 거예요.

이 교사   기회가 되면 정말 한번 맡아보고 싶네요. 그나저나 장 선생님은 어버이날 부모님 선물 같은 거 생각해보셨어요?

장 교사   안 그래도 그게 좀 고민되네요. 용돈을 주로 드리는데 이번에도 그리할지 생각하고 있었어요. 이 선생님은요?

이 교사   저희도 보통 용돈을 주로 드리는데 이번에는 로봇청소기 한 대 사드리려고요.

장 교사   로봇청소기요? 안 그래도 요즘 가전 3대 이모라면서 광고가 많이 하더라고요. 로봇청소기, 식기세척기, 의류 관리기 이렇게요. 로봇청소기는 집에 놓고 싶기도 한데 써 본적이 없어서 믿음이 잘 가지 않네요.

이 교사   저도 로봇청소기 초창기 모델만 쓰면서 신뢰가 가지 않았거든요? 그런데 이번에 이사하면서 최신모델로 한 대 샀는데 예전보다 AI 기술이 많이 발전한 걸 느끼겠더라고요.

장 교사   오 어떻게요?

이 교사   로봇청소기가 예전에는 막 어디 끼이고 전선에 걸리고 해서 청소도 제대로 안 되었는데요. 요즘에는 센서들이 좋아져서 전선도 알아서 회피하고 먼지 통도 자동으로 비워주고 물걸레질도 해줘서 편하게 사용하고 있어요. 저희 집도 너무 편하게 사용하고 있어서 양가 부모님 댁에 한 대씩 사드리면 어떨까 하고 있었어요. 요즘 어머니가 손목이나 무릎이 아프다고 하셔서 집안일에 도움될 것 같기도 하고요.

                              12. 미래 인공지능 서비스 상상해보기

장 교사	혹하네요. 그냥 용돈을 드리는 것보다 로봇청소기 한 대 놔드리는 것도 좋겠는데요? 혹시 제품 추천 좀 해주실 수 있으세요?
이 교사	네, 교실 올라가서 링크 하나 보내드릴게요.
장 교사	고마워요. 선생님 6학년 학생들이 편지 쓰는거 식상해 하면 효도 쿠폰도 같이 해보는 건 어때요? 집안일 인공 지능 쿠폰 이렇게요. 학생들이 로봇청소기를 사드리지는 못해도 로봇청소기 역할은 할 수 있잖아요? 빨래나 설거지를 하는 AI 로봇이 된다거나 쓰레기 비우러 가는 AI 로봇처럼요.
이 교사	5교시에 한번 해봐야겠네요. 안 그래도 5, 6교시는 어버이날기념 편지쓰기를 할 생각이었거든요. 감사합니다.

이 교사는 봄 햇볕을 피해 자리를 일어서며 장 교사와 본관 건물로 들어갔다. 그리고 곧바로 교무실에서 프린트한 편지지를 들고 교실로 올라갔다. 건물 내부는 아직 시원했지만 바깥은 앉아만 있어도 땀이 송골송골 맺혀 이제 정말 5월이라는 생각이 들었다.

5교시에는 편지를 쓰기 전에 장 교사와 이야기했던 집안일 AI 로봇 쿠폰을 만들었다.

이 교사	여러분, 우리 학교가 금요일 어린이날부터 4일 연속 쉬는데, 월요일은 왜 쉬는지 아는 사람 있나요?
학생들	어버이날이라서 쉬어요.
이 교사	맞아요. 월요일은 어버이날이에요. 물론 1년 365일 효도를 하고 부모님께 감사하는 마음을 가져야 하지만 8일 월요일은 좀 더

특별히 감사하는 마음을 표현하는 날이지요. 혹시 여러분들은 개인적으로 어버이날을 맞이해 준비한 것 있을까요?

학생 1 저는 카네이션 사다 드리려고요. 편지랑 같이요.

학생 2 저는 집안일 도와드리기로 했어요. 동생이랑.

학생 3 오늘 편지 써서 부모님께 드리려고요.

이 교사 모두들 나름대로 준비하고 있는 것 같네요. 사실 선생님도 어버이날을 맞이해서 부모님께 해드릴 것을 준비했어요.

학생 4 어떤 거 준비하셨어요?

이 교사 선생님은 부모님께 로봇청소기 하나 사 드릴거예요. 이사한 집에 사용해보니까 엄청 편리하더라고요.

학생 5 선생님 로봇청소기 저희 집에도 있는데 진짜 편해요.

학생 6 우리도 로봇청소기 사드리고 싶어요.

이 교사 여러분이 그런 기특한 생각을 가질 것 같아서 준비한 게 있죠!

학생 7 뭐예요? 혹시 로봇청소기 만들기? 아니면 우리한테 로봇청소기 주는 거예요?

이 교사 선생님이 그렇게까지 부자는 아니라서…. 자 이 학습지를 받아보세요.

1. 인공지능 서비스를 이용한 물건을 만든다면 어떤 기술을 사용하고 싶나요?
   ① 동작 인식   ② 음성 인식
   ③ 추천 프로그램   ④ 기타 (   )

2. 위에서 선택한 기술을 이용해 부모님께 어버이날 선물을 드린다면 어떤 물건을 만들고 싶나요?
                    (   ) 기술을 이용한 (   )

12. 미래 인공지능 서비스 상상해보기

이 교사   지금은 힘들겠지만, 미래에 인공지능 기술이 발달하고 원하는
　　　　물건을 마음껏 만들 수 있다면 무엇을 만들고 싶은지 한번 상상
　　　　해 보는 거예요. 2050년 어버이날에 부모님께 선물해드리면 좋
　　　　을 것 같은 선물 말이죠.

학생 8   흠…. 미래에는 아픈 사람이 많아질 것 같으니 아픈 사람들을
　　　　간호하는 로봇이 생기면 좋을 것 같아요.

학생 9   운전하기 힘드시니까 자율주행 자동차나 부모님이 보고 싶어
　　　　하는 영상들을 저절로 틀어주는 프로그램도 좋을 것 같아요.

이 교사   좋아요. 그런 식으로 미래의 인공지능기술을 이용하여 선물한
　　　　다고 구상하였으면 앞서 상상한 내용을 아래쪽 빈칸에 그림을
　　　　그리거나 설명을 해볼까요?

◎ 위에서 떠올린 물건을 그림으로 나타내고 간단한 설명을 적
　어봅시다.

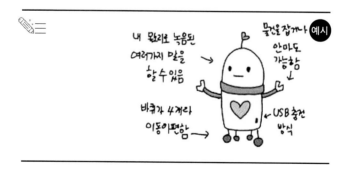

학생 10   선생님, 다했어요. 그런데 이걸로 지금 당장 부모님께 선물할 수
　　　　가 없잖아요.

이 교사   그렇지, 타임머신 타고 가서 사 올 수 있는 것도 아니고 대신에

이번 어버이날에는 여러분이 인공지능 로봇이 되어보는 거예요. 로봇청소기를 사드릴 수는 없지만 일일 로봇청소기가 되어 청소하는 거예요.

학생 11 그럼 아예 쿠폰처럼 만들래요. 동생이랑 안마 10회 쿠폰, 신발 정리 쿠폰, 이런 식으로 부모님께 선물로 드렸거든요.

이 교사 그러면 더 좋죠! 자, 필요한 물품이 있으면 사물함에서 가져오고, 잘 모르겠다거나 아이디어가 떠오르지 않는 학생들은 선생님이 도와줄게요.

학생 12 선생님 저부터요! 잘 모르겠어요!

학생들은 저마다 집에서 필요한 인공지능 물품이나 용품들을 생각해보며 학습지를 채워나갔다. 직접 AI 로봇을 만드는 것은 아니지만 부모님을 위한 물건을 설계하는 것만으로도 만족스러운지 아이들의 얼굴에는 미소가 사라지지 않았다.

 읽을거리

◎ **미래 인공지능 서비스는 얼마나 발전할 수 있을까요?**

초기 인공지능은 인간의 지식을 기계에 프로그래밍했고 최근에는 기계가 데이터를 받으면 스스로 학습하는 단계까지 나아갔습니다. 앞으로는 AI는 사람들의 문제를 해결하는, 즉 사람의 인지능력을 흉내내고 지각, 행동하는 인공지능으로 나아갈 것으로 기대됩니다. 지금은 사람이 제공하는 데이터를 바탕으로 AI가 학습 한다면 앞으로는 AI가 데이터를 만들거나 수집하여 만드는 단계까지 나아가는 것이지요. 그리고 지금은 사람이 하는 일을 AI가 많이 대체하게 되고 과학, 의학, 농업, 산업, 예술 등 많은 분야에서 변화가 일어날 것입니다. 미래 인공지능 서비스의 예시로는 자율주행 자동차, 스마트홈, 가정용 로봇, AI 트레이너, 스마트 거울, 정확한 기상 서비스 등이 있습니다. 앞으로 만나게 될 다양한 AI 기술들이 기대되지요?

12. 미래 인공지능 서비스 상상해보기

미래의 인공지능 서비스

◇ 인공지능 기술이 발달한 미래, 내가 원하는 물건을 마음껏 만들 수 있다면 무엇을 만들고 싶나요? 인공지능 기능을 탑재한 나만의 발명품을 상상해 봅시다.

---

1. 인공지능 서비스를 이용한 물건을 만든다면 어떤 기술을 사용하고 싶나요?
   ① 동작 인식　　　　　　　② 음성 인식
   ③ 추천 프로그램　　　　　④ 기타 (　　　　　　　)

2. 위에서 선택한 기술을 이용해 부모님께 어버이날 선물을 드린다면 어떤 물건을 만들고 싶나요?
   (AI 기능) 기술을 이용한 (물건 이름)

◇ 위에서 떠올린 물건을 그림으로 나타내고 간단한 설명을 적어봅시다.

빅데이터 기반 이미지 검색
: 다음 꽃 검색

봄 현장 체험학습을 앞두고 4, 5, 6학년들의 불만이 이만저만이 아니다. 소규모 학급의 특성상 보통 학년군이나 고학년, 저학년으로 나뉘어 현장체험학습을 하러 가게 된다. 그러다 보니 3년 동안 학생들이 가지 못했던 곳으로 장소를 선정하기가 쉬운 일이 아니다. 소규모 학교는 이렇게 정식적인 현장 체험학습이 아니더라도 외부 학습의 기회가 많이 있다. 미래초등학교의 경우는 바닷가에 위치한 학교라 해마다 갯벌 체험, 바다 쪽 잡기, 요트체험 등의 체험 기회가 주어졌다. 그러니 봄 현장 체험학습은 최대한 이런 장소들과 겹치지 않도록 장소를 선정해야 했다. 결국 선택한 현장 체험학습 장소는 근처에 있는 수목원이었다. 하지만 고학년생들은 놀이공원과 같은 장소를 원했던 것이다. 딱 듣기에도 수목원이라고 하면 눈길을 사로잡을 만한 체험이나 볼거리가 없을 것처럼 보인다. 아이들이 실망하는 기색이 역력해 고학년 선생님들은 무엇인가 흥미가 있을 만한 이벤트를 준비하기로 했다.

임 교사 선생님, 5, 6학년 아이들이 많이 아쉬워 하나 봐요.

김 교사 네. 수목원이라는 말 듣자마자 아쉬워하고 재미없을 거라고 서로 이야기하더라고요.

이 교사 6학년도 마찬가지였어요. 좀 더 재미있는 곳으로 가자고 하는 의견이 많더라고요. 그리고 1~3학년이 양떼목장으로 간다고 하니까 더 부러워하기도 하고요.

김 교사 양떼목장은 양들도 보고 치즈 만들기, 피자 만들기 같은 걸 하니까 재미있어 할 것 같아요. 지금 5, 6학년들도 3, 4학년 때 갔었는데 무척 재미있어했거든요.

임 교사 수목원도 가면 다양한 동물도 있고 해서 재미있는데 5, 6학년은 좀 실망인가봐요? 4학년 아이들은 크게 실망한 티가 나지 않아서 몰랐네요.

이 교사 네, 몇몇 학생들은 가족들과도 가봤다고 해서 더 그런 것 같아요.

김 교사 아무래도 그냥 체험학습에서 수목원을 둘러보는 것보다 재미있는 이벤트들을 준비해야겠는데요?

이 교사 그렇죠. 우리 어렸을 때 소풍 가면 보물찾기도 하고 그래서 재미있었는데 그런 거라도 해야 할까요?

김 교사 기억나요. 친구들하고 도시락 먹고 나면 선생님들께서 보물 숨겨놨다고 찾아보라고 하고 보물이 적힌 쪽지 가져오면 공책, 연필 같은 선물도 받고 그랬잖아요.

임 교사 아, 선생님들은 그런 보물 찾는 학생이었구나. 저는 그때 보물 숨

기고 있었는데.

이 교사 그러셨겠네요! 선생님, 보물찾기 같은 거 진짜 하면 어떨까요? 학생들이 재미있어 할 것 같은데요.

임 교사 재미있죠. 그런데 보물찾기를 요즘에 하지 않는 이유가 쓰레기 문제 때문이에요. 아이들이 보물찾기 쪽지를 다 찾으면 다행인데 꼭 몇 개씩은 못 찾거든요. 선생님들이 그 쪽지를 다시 회수하려고 숨겨놓은 자리에 가봐도 찾기 힘들고, 쪽지가 바람에 날아가기도 하고요. 그런 보물찾기 쪽지가 나중에 쓰레기로 나오면 체험학습지에도 좋지 않더라고요.

김 교사 그런 문제가 있을지는 몰랐네요. 하긴 수목원에는 가족 단위 관광객들도 많을 수 있는데 우리 아이들이 보물 찾는다고 헤집고 다니면 피해를 줄 수도 있겠네요.

이 교사 그럼 종이로 된 보물찾기 말고 꽃이나 식물 찾기로 할까요? 다음 주에 저희 사전 답사 갈 때 수목원 안에서 찾을 만한 꽃 리스트를 정리하고 학생들이 찾아보게 하는 거죠. 그러면 꽃 종류에 대해 학습하는 기회도 되겠는데요?

임 교사 꽃 이름을 찾아보게 하는 건 너무 어렵지 않을까요? 저도 꽃들을 좋아하지만, 꽃 이름들을 다 알지는 못하거든요.

이 교사 앱 중에 꽃 사진만 찍으면 꽃 이름을 알려주는 앱도 있는데 그걸 사용하면 어렵지 않을 것 같아요. 꽃 리스트도 학생들에게 주면 검색해서 어떤 꽃인지 확인해볼 수도 있고요.

임 교사 그렇게 하면 부담이 덜하겠어요. 그 앱 이름이 뭐예요? 산에 산책 가거나 하면 모르는 꽃들이 많아서 늘 궁금했는데…

이 교사   Daum 앱인데요. 여기 검색창을 터치해보시면 검색창 밑쪽에 꽃 검색이라는 메뉴가 있어요. 이 메뉴를 누르면 꽃 사진을 찍거나 찍어둔 꽃 사진을 인식해서 이름을 알려줘요. 여기 연구실에 있는 꽃을 시험 삼아 해볼까요?

김 교사   오, 정말이네요. 신기하네요. 그럼 앱이 색이나 모양을 인식해서 적합한 종류를 보여주는 방식인 것 같네요. 그냥 식물만 관찰하는 것보다 아이들이 동기유발도 더 잘되고 좋을 것 같아요. 미션이랑 학습지는 제가 만들겠습니다!

이 교사   감사합니다. 그럼 현장체험학습 가기 전에 4, 5, 6학년 학생들에게 이 앱을 이용하는 방법을 가르쳐주겠습니다.

임 교사   선생님들이 그렇게 맡아서 해주니까 정말 고마운데요. 그럼 제가 뭘 도와드릴까요?

이 교사   혹시 괜찮으시면 학생들이 관찰할 꽃들 리스트를 만들어주시겠
　　　　 어요? 저는 꽃이 다 비슷비슷해 보여서 어떤 꽃들을 미션을 위
　　　　 한 꽃으로 선정할지 모르겠네요.

임 교사   그 정도는 당연히 해야죠! 그럼 다음 주 사전답사 갈 때 어떤 꽃
　　　　 들을 해야 할지 눈여겨볼게요.

〈봄 현장체험학습 미션 방식〉

1. 미션지를 받아 관찰해야 할 꽃들의 위치를 확인한다.
2. 미션 해결을 위한 꽃들을 찾는다.
3. 찾은 꽃과 함께 모둠원들 단체 사진을 찍고 전송한다.
4. 최대한 많은 미션을 해결한 팀이 승리한다.

이 교사   이런 식으로 미션을 진행하면 될까요?

김 교사   방법은 괜찮은데 너무 학생들이 승리에 집착해서 꽃 찾는 데만
　　　　 열중하게 되지 않을까요? 다양한 식물을 보고 감상하는 것도
　　　　 좋은데….

임 교사   그럴 수도 있겠네요. 미션이 너무 승리나 점수 득점에 치우치면
　　　　 승부욕 강한 아이들이 흥분할 수도 있고 지게 되면 실망도 클
　　　　 것 같아요.

이 교사   그럼 따로 승리나 점수 같은 경쟁적 요소는 빼는 거로 할까요?

김 교사   대신 소풍 당일에 맛있는 간식이나 점심 도시락을 싸주는 거
　　　　 로 하는 게 좋을 것 같아요. 열심히 참가한 모두에게 주는 상
　　　　 처럼요.

임 교사   그리고 현장 체험학습에서 찾은 꽃들을 찾는 데만 그치지 않고
　　　　 더 알아보는 시간을 가지는 것도 좋을 것 같아요. 꽃 이름의 유

래나 얽힌 전설 같은 것도 알아보면 좋을 것 같아요. 아니면 꽃

도감을 만들어도 좋은 교육 활동이 될 것 같네요.

이 교사   그럼 먼저 꽃 검색 기능이 AI 기술이 적용된 것이라고 말해줘야

겠어요. 이미지 감지를 하는 인공지능에 대해 설명해주는 것도

필요하겠네요. 그리고 시험 삼아 우리 학교 화단의 꽃들이나 식

물을 찾아봐야겠어요. 저희 반 학생들을 데리고 한 번 앱을 수

업에 사용하면서 불편한 점이나 어려워하는 점이 있는지 살펴

볼게요.

김 교사   휴, 처음에는 아이들이 너무 싫어하는 기색이 강해서 어떻게 해

야 할지 걱정되었는데 다행이에요. 미션 해결하면서 수목원을

돌아다니고 하면 전혀 지루할 틈이 없을 것 같은데요?

임 교사   그러게요. 다 선생님들이 참신한 아이디어를 내준 덕인 것 같아

요. 아이들도 분명 재미있어 할 것 같아요.

01 ┃ 'https://www.daum.net/'에 접속합니다.

02 ┃ 오른쪽 상단의 **'마이크 모양'**의 아이콘을 눌러 메뉴를 활성화 한 뒤 **'꽃검색'**
을 누릅니다.

03 ㅣ 꽃 사진을 찍거나 찍어둔 사진을 불러옵니다.

04 ㅣ AI가 이미지를 인식하여 가장 높은 확률의 꽃에 대한 정보를 보여줍니다.

꽃을 조사해요	( )학년 ( )반 ( )번
	이름:

◇ 주변에서 꽃을 찾아 사진을 찍은 후 자세히 관찰하며 그림으로 그려 봅시다.

관찰한 장소	

◇ 위에서 찾을 꽃의 이름과 특징을 꽃 검색을 이용해 정리해 봅시다.

꽃 이름		제철	
원산지		과	
꽃말		서식지	
특징			

음성을 텍스트로 변환하기
: 클로바 더빙

학창 시절 이 교사의 취미는 독서였다. 독서를 통해 그 책의 주인공이 되기도 하고 새로운 세계를 마주하는 경험이 좋았다. 누군가가 "취미가 뭐예요?"라고 물으면 스스럼없이 독서가 취미라고 말할 수 있었다. 물론 특별한 취미가 없는 인문계 학생들이 독서가 취미라고 쉽게 말하는 경향도 있지만, 확실히 또래와 비교해서는 독서량이 많았다. 하지만 교사가 되기 위해 임용시험을 준비하고 교사가 된 이후로는 독서량이 점점 줄어들어 이젠 거의 책을 놓게 되었다. 어딘가 외출할 때 늘 가방에 책 한 권을 가지고 가던 습관은 운전하게 되면서 없어졌다. 책을 읽기보다는 휴대전화를 보며 SNS, 메시지, 유튜브 영상들을 보며 시간을 보내는 게 익숙해졌다. 그렇게 10여 년을 손에서 책을 놓았었는데 미래초등학교로 옮기면서 책을 다시금 읽게 되었다. 그 이유는 학교 아침 활동 시간의 '인문고전도서 읽기' 활동 덕분이었다. 미래초등학교가 인문고전도서 읽기에 관심을 기울이게 된 것은 지금 교장 선생님이신 이유진 교장 선생님께서 부임하고 난 뒤부터였다. 교장 선생님은 교사 시절부터 인문고전에 대한 관심이 남다른 분이서서 독서 교육에 대한 중요성을 지속해서 강조하고 계셨다.

인문고전도서 읽기 수업은 다음과 같이 운영되고 있었다. 먼저 학기 초에 학년별로 수준에 맞는 도서를 선정한다. 이때 도서는 교과서에서 보유 중인 작품이 선정되거나 선생님들의 논의 또는 각종 초등학생 추천 도서 중에서 선정된다. 책을 읽는 방식은 각 학년의 수준이나 발달에 따라 달라진다. 단순히 30분 동안 책을 읽으라고 하면 집중해서 읽는 학생들도 있지만 금세 집중력이 흐트러지는 학생들도 많았다. 특히 집중력이 높지 않은 저학년 학생들은 다양한 읽기 방식이 이용된다. 한 문장씩 읽기도 하고 문단을 배운 학생들은 한 문단씩 읽기도 한다. 또는 하루하루 번호 순서대로 대표를 정하여 한 사람이 소리 내어 읽기도 한다. 고학년 학생들도 비슷한 방식으로 돌아가며 읽기도 하지만 조용히 자신의 속도에 맞게 묵독으로 읽는 경우도 많았다. 읽고 난 후에는 독서 내용을 곱씹어 보는 활동도 인문고전도서읽기의 중요한 과정 중 하나다. 가장 흔한 독서감상문 쓰기부터 등장인물에게 편지쓰기, 이어질 내용 예상하고 뒷이야기 써보기처럼 고전적인 활동을 할 수도 있고 인상 깊은 장면 그림 그리기, 책 표지 꾸미기, 북 아트 만들기처럼 미술 교과와 연계한 수업도 이루어지기도 했다.

작년과 비교해서 유독 학생들이 독서에 많은 관심을 두게 된 이

유도 있었다. 그건 바로 올해 새로 복직하게 된 2학년 담임 장지영 선생님이 도서 업무를 맡은 후부터였다. 장 교사는 도서부 학생들과 다양한 활동들을 하기 시작했다. 기존에 도서부원들의 일은 도서관 청소나 책 정리, 책 대출 정도의 단순 봉사활동이라는 인식이 있었다. 하지만 올해부터는 각종 도서관에서 할 수 있는 이벤트들을 만들었다. 인문고전도서와 관련하여 독서골든벨 퀴즈를 낸다거나 책과 관련된 보드게임 대회를 열기도 했다. 도서관이 책만 읽는 공간이 아니라 다양한 이벤트가 일어나는 문화센터의 성격을 띄게 되었다. 특히 현재 진행 중인 도서원화 전시회 같은 경우는 학생들도 좋아했지만, 교직원, 학부모들의 반응이 좋았다. 군립도서관과 연계하여 그림책 작가의 원화를 전시하는 것이다. 원화를 통해 그림책을 보게 되면 인쇄된 종이로 그림책을 보는 것과는 느낌이 상당히 다르다. 물감의 질감이나 붓의 터치 등을 좀 더 세밀하게 볼 수 있어 좋은 기회가 되었다.

이수빈 선생님은 이번 주에 다른 원화들이 전시된다고 하여 점심 식사 후 소화도 시킬 겸 도서관으로 향했다. 도서관은 2층 복도 끝에 있었다. 도서관에는 책을 읽으러 온 학생들과 도서부원들, 그리고 도서부 담당인 장지영 선생님이 계셨다. 새로운 원화가 전시되는 첫날이라 그런지 교장 선생님과 교감 선생님께서도 계셨다. 가볍게 인사를 하고 이 교사는 새롭게 전시된 원화들을 감상하기 시작했다. 학교에 작은 전시회가 열린 기분이 들었다. 몇몇 학생들은 원화와 인쇄된 책을 비교하며 무엇이 다른지 확인하기도 했다. 자신들이 읽는 책의 그림이 이렇게 만들어진다는 것을 신기해하며 작품들을 감상하고 있었다. 짧은 원화 감상을 마치고 혹시 빌릴 책은 없는지 교사-학부모 코너에서 대여할 책들을 살펴보고 있을 때였다.

장 교사   선생님, 저번 원화 전시회 할 때도 오시더니 오늘도 오셨네요. 이번 작품들은 어떤 것 같아요?

이 교사   지난 번에는 캐릭터들을 그린 작품들이라서 학생들이 쉽게 좋아하고 했었던 것 같은데 오늘 작품들은 좀 더 진지한 분위기의 작품들이 많은 것 같네요. 재미있어요. 사실 학교에서 이렇게 원화 전시회를 하기 전에는 원화라는 게 따로 있는 줄도 몰랐었거든요.

장 교사   도서관에서 빌려주셔서 이렇게 전시회도 열고 좋은 것 같아요. 도서부 아이들도 작년에 비해 도서관 활동들이 재미있다고 하기도 하고요.

이 교사   도서부 아이들이 정말 작년에 비해 열정적으로 도서관 활동에 참여하고 있는 것 같아요. 우리 학교는 규모가 작아서 사서 선생님도 안 계시니 도서관 업무가 은근히 많은 편에 속하잖아요. 선생님께서 고생해주시는 덕분에 아이들도 재미있어하는 것 같아요.

장 교사   단순히 책만 정리, 청소만 해서는 아이들도 지루하고 저도 재미없어요. 휴~ 그런데 방금 교장 선생님께서 과제를 하나 주고 가셨네요.

이 교사   과제요? 뭘 더 하시게요?

장 교사   얼마 전에 관내 도서관과 교육청에서 주관하는 독후활동 영상 공모전이 열린다고 공문이 왔었거든요. 그 대회에 참가해보는

14. 음성을 텍스트로 변환하기: 클로바 더빙

게 어떻겠냐고 말씀하시더라고요.

이 교사   우리 학교 독서교육 프로그램이 좋아서 공모전에 출품하는 것도 괜찮을 것 같긴한데…. 아무래도 좀 부담되시죠?

장 교사   아무래도 그렇죠. 공문을 보고 도서부 아이들에게 좋은 경험이 될 것 같아 공모해볼까 고민 했었는데요. 영상을 만드는 게 좀 부담되더라고요.

이 교사   영상 만드는 일이 해보지 않은 분들에게는 확실히 부담되시죠. 그래도 촬영만 어느 정도 해주시면 편집 같은 건 제가 도와드릴게요. 아니면 6학년 학생들도 영상편집 같은 걸 제법 잘하더라고요. 앱을 이용하면 쉽게 할 수 있을 것 같아요.

장 교사   그러면 조금 용기가 나는데요? 선생님도 바쁘실텐데 영상 제작하는 건 제가 도서부 아이들이랑 어떻게든 해볼게요! 대신에 제가 생각한 영상에는 나레이션을 넣을 생각이거든요? 혹시 나레이션 쉽게 넣는 법 아세요? 전문 나레이션 성우들에게 부탁하고 싶은데 가격이나 시간이 너무 많이 드는 것 같더라고요.

이 교사   나레이션이라…. 가장 쉬운 방법은 선생님이나 학생 목소리를 녹음해서 영상에 입히는 거죠.

장 교사   녹음해서 하는 방법도 있겠지만, 다음번에도 다양하게 쓸 수 있는 프로그램이 있지 않을까 싶어서요. 예를 들어 제가 어떤 글을 쓰면 읽어주는 프로그램이라든지?

이 교사   그런 프로그램 하나 알아두면 나중에도 유용하게 이용할 수 있죠. 예전에 원격수업이 한창일 때 원격수업용 영상을 만들 때 사용했던 프로그램이 있어요. 사람이 직접 녹음을 하면 어쩔 수 없이 실수가 나오는데 그 프로그램을 쓰면 실수도 없이 바로바로 나레이션 파일을 만들어주었거든요.

장 교사 　작은 학교들은 원격수업 없이 대부분 등교수업을 해서 그런 수
업 영상을 만들 기회가 없었어요. 그 프로그램 이름이 뭐예요?

이 교사 　[네이버 Clova]라는 프로그램이에요. 네이버에서 제공하는 프
로그램인데 원하는 목소리를 선정해서 나레이션으로 넣을 수
있어요.

장 교사 　혹시 어렵지 않을까요?

이 교사 　선생님 정도면 금방 하실 수 있으실 거예요. 안그래도 전문적학
습 공동체 시간에 어떤 연수를 할지 고민이었는데 이 주제로 해
도 되겠어요.

장 교사 　그래주시면 저도 덜 죄송할 것 같아요. 연수 때 열심히 배워보
겠습니다.

　미래초등학교 전문적 학습 공동체 모임 시간에는 선생님들이 돌
아가면서 연수를 진행한다. 각 주제는 무엇이든 상관이 없었다. 수
업에서 활용할 수만 있다면 선생님들의 취미나 특기 등도 연수 주
제로 선정되었다. 다음 주에 있을 전문적 학습 공동체 모임 연수자
는 이수빈 선생님이었다. 마침 장지영 선생님의 고민을 듣고 연수
주제를 선정하였다. 나레이션뿐만 아니라 영상을 만들 때 도움이
될 만한 사이트나 팁 같은 것들을 전달하는 연수 시간이 되도록
할 생각이었다. 연수 장소는 컴퓨터실로 정하였다.

　이 교사 　선생님들 오늘은 교육용 영상을 만들 때 유용하게 쓰실만한 도
구에 대해 말씀드리겠습니다. 시간이 짧아 동영상 편집 툴까지

는 연수하지 못 하지만 이것부터 알아두시면 나중에 교육용 자료를 만드시는 데 도움 되실겁니다. 교육영상을 만든다고 했을 때 가장 중요한 건 무엇일까요?

김 교사 배우들의 연기? 교육영상의 주제가 중요할 것 같은데요?

박 교사 영상에 들어갈 배경음악도 중요해요.

이 교사 영상 주제도 중요하고 배우들이 나온다면 연기도 중요하죠. 그 중에서도 영상의 배경음악에 대해 설명해드리겠습니다. 유튜브에 교육영상이나 동영상을 올려보신 분들은 알겠지만, 배경음악으로 인해 저작권 침해 신고가 들어가게 됩니다. 저작권은 영상물뿐만 아니라 배경음악에서도 검열을 당하기 때문인데요. 저도 처음에 영상을 올릴 때 저작권을 신경쓰지 않고 올려서 저작권침해 신고가 들어간 영상들도 몇몇 있었습니다.

이 교사 그렇게 되면 이와 같이 저작권 침해 신고가 들어와 콘텐츠가 차단되거나 심각할 경우 소송까지 이어질 수도 있죠. 이런 일이 몇번 있다 보니 저는 저작권 프리 음악을 검색해서 사용합니다. 저작권 프리 음원을 받는 방법은 두 가지가 있습니다.

첫 번째는 유튜브의 오디오 보관함에서 저작권 프리 음원을 이용하는 것입니다. 유튜브 사이트에서 '내 채널'-'오디오 보관함'을 클릭하시면 저작권이 없는 오디오 음원을 다운받아 사용할 수 있습니다.

두 번째 방법은 저작권 프리 음원 사이트를 이용하는 것입니다.

이런 사이트는 출처를 밝히거나 음원을 다운받기 위한 간단한 절차들만 지켜쓰면 저작권이 없는 음악을 이용할 수 있습니다. 아래 사이트를 보시면서 마음에 드는 음원을 다운받아보시겠습니다.

1. 사운드 클라우드(https://soundcloud.com)
해당 사이트 검색창에 No Copyright를 적어주시고 검색하면 저작권이 없는 음원들이 나옵니다. 곡들을 들어보시면서 영상의 분위기와 어울릴만한 음원을 정해 이용하시면 됩니다.

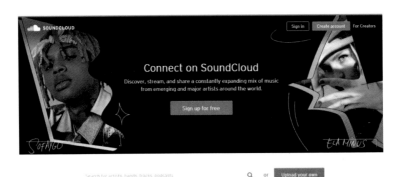

2. NCS(NoCopyRight)
이것은 유튜브 채널입니다. 장르별로 분류를 해놓았습니다. Free Download를 누르시고 다운 받으시면 되는데 출처를 남겨야 하는 경우가 있으므로 유의해서 사용하십시오.

14. 음성을 텍스트로 변환하기: 클로바 더빙

3. Vlog(NoCopyrightMusic)

이것도 유튜브 채널에서 검색하시면 됩니다. 이름에서 보시는 것처럼 Vlog에서 이용될만한 음원들이 많이 있습니다. 이 사이트도 출처를 남기시면 무료로 이용 가능합니다.

4. 샛별(Daystar)

이 채널도 이용하면서 출처만 남기시면 음원들을 영상만드는 데 이용하고 게시할 수도 있습니다.

김 교사   선생님 말씀해주신 사이트에서 다운받을 때 출처는 어디에 남기나요?

이 교사   출처는 유튜브, EBS-e학습터 게시물에 남기시면 될거예요. 위 채널들을 이용해서 음원을 고르셨다면 이제 나레이션을 작업도 하실 것입니다. 작년에 원격수업이 처음에 많이 이루어지면서 교육영상을 어떻게 만들어야 할지 고민이 많았습니다. 개인적으로 만들어보니 직접 녹음하는게 쉬운 일이 아니더라고요. 5분짜리 나레이션을 녹음하려면 대본도 쓰고, 실수 없이 녹음도 해야 하고, 제대로 녹음되었는지 다시 한 번 들어봐야 하고, 만일 실수가 있으면 다시 녹음해야하고⋯. 5분 녹음에 거의 30분이 걸리는 경우도 있었습니다. 생각보다 실수가 많이 나오거든요. 이럴 때는 [네이버 Clova Dubbing]을 이용했어요. 이 프로그램을 이용하면 여러 가지 다양한 목소리를 쉽게 녹음할 수 있었습니다. 저랑 같이 차근차근 한번 해보실게요.

첫 번째로 클로바 더빙 사이트(https://clovadubbing.naver.com/)에 접속합니다. 이때 네이버 계정으로 로그인 하면 내 프로젝트를 확인할 수 있습니다.

두 번째, 새 프로젝트를 생성 후 동영상, PDF파일을 추가할 수도 있습니다. 만일 동영상을 추가하고 더빙추가를 누르면 해당 동영상에 선택한 더빙한 목소리가 들어간 채로 동영상이 재생되는 것이죠.

14. 음성을 텍스트로 변환하기: 클로바 더빙

시험재생을 해보면 해당 동영상 부분에 더빙한 내용이 들어가게 된 것을 확인할 수 있습니다. 또한, 더빙의 목소리도 다양한 인물로 수정할 수도 있어서 역할극 예시 자료로도 사용하기에 유용했습니다. 곳곳에 효과음도 추가할 수도 있고요.

마지막으로 동영상에 나레이션이 다 입혀졌다면 프로젝트 저장 또는 다운로드를 하면 됩니다. 사진과 말로 듣는 것보다 직접 해보시면 쉽게 해보실 수 있으실 겁니다. 메뉴들이 직관적이어서 처음 요령만 익히시면 큰 어려움은 없을 것 같습니다. 이 클로바 더빙도 AI 기술을 활용하여 다양한 목소리를 내는 것입니다. 사용자가 어떤 문장을 말하게 할지 모르니 글자들에 대해 값을 입력해놓은 것입니다. 그러다가 다양한 변수들이 입력되면 코딩된 목소리를 내도록 한 것이죠. 지금부터 실습을 해보시다가 잘 안되는 부분이 있으시면 말씀해주십시오.

이 교사가 준비한 연수내용들은 여기까지였다. 학생 교육용 영상을 만들기에는 충분한 기능들이었고 PDF를 활용한 더빙 기능들은 네이버 사이트에서 자세히 정리되어 있었다.

교무부장 이수빈 선생님! 와 진짜 신기한 사이트 많네요. 작년에 다른 선생님들이 만든 교육자료 영상에서 목소리가 다들 좋더라고요. 선생님들 목소리가 어찌 이렇게 다 목소리가 좋은가 했더니 이런 성우분들이셨네!

이 교사 네 아마 그러실 거예요. 물론 직접 녹음하시는 선생님도 계시지만요. 저는 목소리가 그 분들처럼 좋은 것 같진 않아서 이 프로그램 썼습니다.

교무부장 오늘 또 새로운 거 하나 배워갑니다! 고마워요. 이거 신기하네 진짜.

장 교사 선생님! 정말 쉽네요. 이것도 제가 도서부 학생들에게 가르쳐줘서 더빙도 입혀서 영상 하나 만들자고 해야겠어요. 고마워요!

14. 음성을 텍스트로 변환하기: 클로바 더빙

01 ┃ 'https://clovadubbing.naver.com/'에 접속합니다. **'클로바더빙 시작하기'** 버튼을 클릭합니다.

02 ┃ 네이버 계정으로 로그인하면 내 프로젝트를 확인할 수 있습니다. **'새 프로젝 트 생성'**을 클릭합니다.

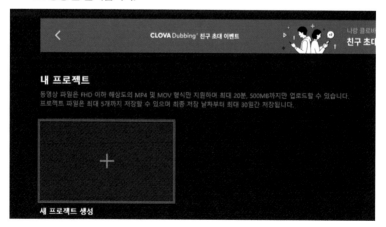

교사 연수: 동영상 제작

03 | 동영상이나 PDF 파일을 추가할 수 있습니다. 더빙을 추가하기 위해서는 더빙할 내용을 텍스트로 입력합니다. 프로젝트를 저장하기 위해서는 **'프로젝트 저장'**을 클릭하고 만든 파일을 다운로드하기 위해서는 **'다운로드'**를 클릭합니다.

04 | 다양한 목소리로 설정할 수 있습니다. **'미리 듣기'**를 클릭하면 각 목소리가 읽어주는 더빙을 들을 수 있습니다.

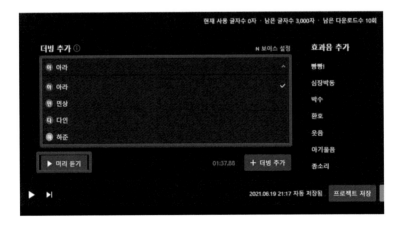

14. 음성을 텍스트로 변환하기: 클로바 더빙

텍스트 모델 학습하기
: 머신러닝 포 키즈

"요즘 고학년들 사이에서 조금씩 비속어나 욕설들이 간간히 들리는 것 같아요."

도덕 수업을 마치고 온 연구부장 선생님의 말씀이었다. 안 그래도 6학년 담임인 이 교사도 그것 때문에 어떻게 지도할지 고민이었다. 이제 담임 눈에만 보이는 것이 아니라 전담 선생님께서도 인지할 정도면 하루빨리 방안을 강구해야 했다.

이 교사　　방학이 얼마 남지 않아 그럴까요? 학기 초에는 그러지 않았는데 인터넷 비속어나 알 수 없는 욕 같은 말을 쓰는 학생들이 늘었어요. 혹시 수업시간에도 그런 말을 쓰던가요?

연구부장　수업시간에는 그러지 않았는데요. 수업 전 쉬는 시간이나 마치고 친구들끼리 이야기 할 때 조금 그러는 것 같아요. 비속어를 안 쓰던 학생들도 조금씩 쓰는 게 보이더라고요.

이 교사 그런 행동이 보일 때마다 지적하고 주의를 주는데도 그 순간만 행동이 고쳐지더라고요. 스스로 깨닫고 그런 언어습관을 고칠 수 있도록 하는 기회를 마련해야겠어요.

연구부장 여름방학 전에 SNS나 메신저상에서 학교폭력이 일어나지 않게 '언어문화개선주간'이 예정되어 있어요. 그 주간에 이용할 프로그램 겸 생각해보면 좋을 것 같아요.

이 교사 국어 시간이나 창의적체험활동 시간을 활용해서 언어습관 개선을 위한 프로그램들을 생각해보아야겠네요.

연구부장 다음 주 도덕 수업에서도 언어문화 개선과 관련된 내용을 진행할 예정이라 같이 생각해봅시다.

이 교사 네, 도덕수업과 연계하면 학생들도 좀 더 심도 있는 배움이 일어날 수 있을 것 같아요. 혹시 몇 단원, 몇 차시 하실 예정이신가요?

연구부장 3단원. 나를 돌아보는 생활 단원의 3차시 〈나의 행동을 돌아보아요.〉를 할 생각인데요. 구체적인 활동이나 자료들은 만들지 않았어요.

이 교사 저도 한번 해당 차시 참고해서 같이 쓸 만한 아이디어가 있는지 생각해보겠습니다.

이 교사는 그날 방과 후 학생들의 언어습관을 개선하기 위해 어떤 수업을 할지 구상해보았다. 요즘 따라 점점 반 학생들 사이에서 문제 되는 언어생활이 자주 보였다. 사춘기도 시작한 학생들이 제법 있어서 단순 훈화로는 학생들의 습관을 바꾸기가 쉽지 않았다. 고민 끝에 학생들이 좋아하는 AI 수업과 연계하여 언어문화개선주간 프로그램을 운영하기로 하였다. 선택한 프로그램은 [머신러닝 포 키즈]로 만든 칭찬을 인식하는 프로그램이었다. 여기서 머신러닝(Machine Learning)이란 말 그대로 기계학습을 의미하는 것으로 기계가 경험을 통해 자동으로 학습할 수 있는 컴퓨터 알고리즘에 대한 연구이다. 흔히 있는 휴대전화의 음성인식 기능도 머신러닝을 통해 학습하고 실생활에서 사용될 수 있도록 개발된 것이다. [머신러닝 포 키즈]는 이런 학습된 머신러닝을 교육용 프로그래밍 언어인 스크래치로 코딩할 수 있도록 설계해 둔 서비스다. 다른 코딩 프로그램보다 스크래치나 엔트리를 이용하면 학생들이 언어를 배우는데 한결 쉽게 코딩을 할 수 있는 장점이 있었다.

이번에는 텍스트 기반 머신러닝을 해볼 생각이었다. 텍스트 기반 머신러닝이란 말 그대로 글자를 학습하는 것이다. 충분한 수의 글자가 학습되면 사용자가 글자를 입력할 때 글자를 판단할 수 있게 된다. 예를 들어 '사랑'이라는 단어를 입력하면 〈좋은 말〉로 판단하고 '싸움'이라는 단어를 입력하면 〈나쁜 말〉로 판단하는 식이다. 이때 글자를 많이 학습하면 할수록 정확도가 높아진다. 이 내용을 기반으로 이 교사는 언어문화개선주간에 적용할 프로그램을 만들었다.

이 교사는 다음 주 칭찬을 인식하는 봇을 코딩하여 아침 시간에 아이들에게 공개했다.

이 교사　여러분 이번 주는 '언어문화개선주간'입니다. 사실 요즘 6학년의 언어 사용 습관이 좋지 않다는 말이 계속 들려와요. 그래서 이번 주간을 기회로 해서 우리 반의 언어습관을 조금 고쳐보고 다른 학년의 언어 습관을 고쳐볼 수 있는 봇을 만들어보려고 해요. 여기 있는 이 봇은 선생님이 칭찬을 구분할 수 있도록 코딩을 해놓았어요. 이렇게 '기쁨'이라고 말을 하면 캐릭터 표정이 웃는 표정이 나옵니다. 만일 '우울함'이라는 말을 하면 캐릭터 표정이 바뀌지 않아요. 교실 뒤편에 설치해놓을 테니 쉬는 시간에 어떻게 만들었을지 한번 보도록 하세요.

학생들은 처음에는 큰 관심이 없었지만 쉬는 시간과 점심시간 때 프로그램을 이용해보고 신기해하며 관심을 보이기 시작했다. 말의 내용에 따라 그림 표정이 바뀌는 것을 보고 아이들은 깜짝 놀라했다. 5교시에는 학생들과 직접 코딩하며 프로그램을 만드는 수업을 진행하였다.

이 교사　이 작품을 만들려면 어떻게 해야할까요? 자유롭게 이야기해볼까요?

학생 1　일단 음성을 인식할 수 있는 코딩이 되어야 해요.

학생 2　그전에 시작 버튼을 누르면 음성 인식 프로그램, 캐릭터가 실행되는 장면이 필요하겠네요.

학생 3　그리고 단어들을 판별할 수 있는 코딩이 필요해요.

학생 4　단어들을 판별하려면 무수히 많은 단어를 계속 입력해야겠는데요?

이 교사　잘 말해주었어요. 여러분이 말 한 것처럼 이 프로그램에는 단어를 판별할 수 있도록 코딩이 이루어져야해요. 그러려면 이 기계도 어떤 단어가 좋은 의미인지 나쁜 의미인지 구분해야겠죠? 이렇게 기계가 학습하는 것을 머신러닝이라고 해요. 실제로 선생님은 이 프로그램에 '기쁨', '행복', '신남', '즐거움'과 같은 단어들은 좋은 의미라고 입력해두었어요. 하지만 우리가 알고 있는 좋은 의미인 '사랑', '활기찬', '싱그러운' 이런 단어들은 아직 입력하지 않았죠. 그래서 이 프로그램은 사랑, 활기찬, 싱그러운 단어들은 좋은 의미라고 구분하지 못하고 있어요.

학생 5 그럼 만일 제가 '싸움'을 좋은 의미의 단어로 구분하면 컴퓨터는 좋은 의미라고 구분하겠네요?

이 교사 그렇죠. 그러니 우리가 단어들을 입력할 때보다 확실하고 명확히 구분해야겠죠? 우리는 이 프로그램을 5개를 더 만들어서 1학년부터 5학년까지 체험할 수 있게 할 거예요. 그리고 도덕 시간에도 도덕 선생님께서 이용하신다고 하셨으니 각 모둠별로 도덕 시간 전까지는 만들어 보아야해요.

학생 6 선생님 그냥 지금 만들어보면 안 되요?

이 교사 지금 당장 만들기보다는 모둠별로 어떻게 만들지 생각해보고 실제로 제대로 되는지 확인하는 게 좋을 것 같아요! 지금은 좋은 말과 나쁜 말은 무엇이 있는지 최대한 많은 데이터를 모아봅시다!

모둠별로 만들어진 프로그램은 도덕 시간에 사용되었다. 이 아이디어는 연구부장 선생님과 이 교사가 함께 수업연구를 하다가 나온 아이디어였다. 도덕 수업의 흐름은 아래와 같이 진행되었다. 수업의 포인트는 학생들 자신이 평소 쓰는 말을 친구들이 판단해 보는 것이었다.

[도덕] 나의 행동을 돌아보기 활동

- 활동 1: 교과서에 나오는 동희의 성찰에 대해 이야기해보기
- 활동 2: 평소 내가 쓰는 말에 대해 머신러닝 해보기
- 활동 3: 머신러닝한 내용을 짝과 함께 바꾸어 이야기해보기
- 수업 포인트: 평소 사용하는 언어를 긍정과 부정으로 나누어 머신러닝 후 짝과 함께 비교하며, 언어 사용의 자기 성찰이 이루어진다.

언어에 대한 좋고 나쁨이 구분되면서부터 학생들의 언어사용 습관은 점차 좋아졌다. 초등학생들은 자신들이 사용하는 말이 좋은 말인지 나쁜 말인지 생각해보지 않고 그저 내뱉는 경우가 많다. 친구가 사용하는 것이 멋져보여서 재미있어 보여서 등이 욕설을 하는 이유이다. 단순히 욕을 쓰지 말라고 다그치기 전에 자신의 언어습관을 잠시나마 되돌아보는 시간을 가진다면 초등학교 수준에서는 많은 개선이 있을 것이라 기대된다.

머신러닝 포 키즈
(좋은 말, 나쁜 말 구분하는 봇 만들기)

01 | 'https://machinelearningforkids.co.uk/'에 접속합니다. [시작해봅시다] 를
클릭합니다.

**인공지능 게임
을 만들어봐요.**

1 먼저 여러 데이터를 모아보세요

2 데이터를 사용하여 인공지능을 훈
련시켜보세요

3 인공지능을 사용하여 스크래치 게
임을 만들어보세요

02 | 계정을 만들면 내가 만든 프로젝트를 저장할 수 있습니다. 계정을 만들지 않
고 시작하려면 [지금 실행해보기] 를 클릭합니다.

머신러닝을 시작해봅시다

처음인가요? [계정 만들기]

이미 등록되어 있나요? [로그인]

등록 건너뛰기 [지금 실행해보기]

03 | 메인화면에 들어왔습니다. 여러 프로젝트를 만드는 방법을 보기 위해 **'워크 시트'**를 클릭합니다.

04 | 다양한 워크시트를 확인할 수 있습니다. 난이도가 표시되어 있기 때문에 적절하게 선택할 수 있습니다. **'날 기쁘게 해줘요'** 워크시트를 다운로드하기 위해 🔽 다운로드 버튼을 클릭합니다.

15. 텍스트 모델 학습하기: 머신러닝 포 키즈

05 ㅣ 프로젝트를 만드는 자세한 과정을 보고 싶으면 For students의 항목 중에서
　　　'**Download project worksheet**'를 클릭하여 다운로드 합니다.

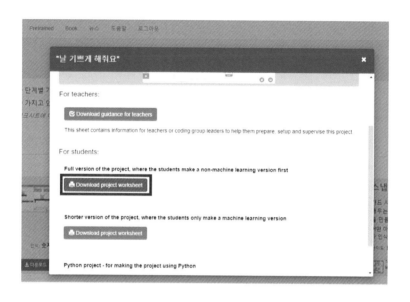

06 ㅣ 프로젝트를 만들기 위해서 상단 메뉴의 '**프로젝트**'-'**프로젝트 추가**'를 클릭합
　　　니다.

07 | 프로젝트의 이름을 적고 인식방법은 **'텍스트'**를 선택한 뒤 만들기 버튼을 클릭합니다.

08 | 프로젝트가 생성되었습니다. 내가 만든 프로젝트를 클릭합니다.

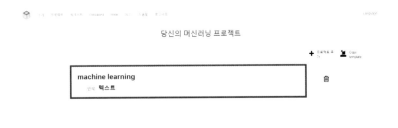

09 | 데이터를 만들기 위해 훈련 버튼을 클릭합니다.

15. 텍스트 모델 학습하기: 머신러닝 포 키즈

10 ㅣ '새로운 레이블 추가'를 클릭하여 좋은 말과 나쁜 말의 레이블을 생성합니다.

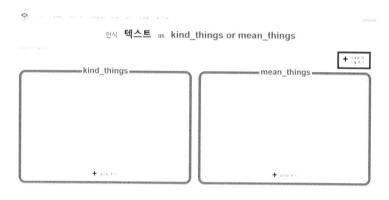

11 ㅣ ➕ 데이터 추가를 클릭하여 좋은 말과 나쁜 말에 다양한 데이터를 추가해 줍니다. 많은 데이터를 추가할수록 정교한 AI를 만들 수 있습니다.

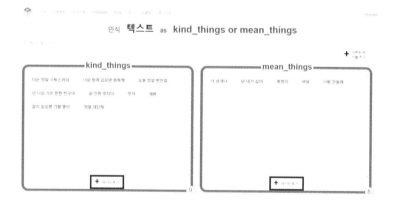

12 ┃ 데이터가 잘 학습되었는지 확인하기 위해서 프로젝트의

학습 & 평가 를 클릭합니다.

13 ┃ 새로운 머신 러닝 모델을 훈련시켜보세요. 버튼을 클릭하여 데이터를 학습
시킵니다.

15. 텍스트 모델 학습하기: 머신러닝 포 키즈

14 ㅣ 좋은 말과 나쁜 말을 입력하여 [테스트]를 누르면 학습이 되었는지 확인할 수 있습니다.

머신 러닝 모델

무엇을 하고 있나요?

여러분의 머신러닝 모델이 완성되었어요. 다음을 만나할 수 있습니다. kind_things or mean_things

여러분이 인공지능 모델을 만든 시각 Friday, June 18, 2021 6:20 AM

여러분은 아래와 같이 데이터를 수집하였습니다.
- 9 examples of kind_things.
- 5 examples of mean_things.

다음은?

아래의 머신러닝 모델을 테스트 해보세요. 훈련에 사용한 예문에 포함시키지 않은 텍스트 예문을 입력하시오. 이것이 어떻게 인식되는지, 어느 정도 정확한지 알려줍니다.

컴퓨터가 사물을 올바르게 인식하는 법을 배웠다면, 스크래치를 사용해서 컴퓨터가 배운 것을 게임에 사용해봅시다!

컴퓨터가 많은 실수를 한다면 추가 데이터로 가서 더 많은 예제 데이터를 모아봅시다.

일단 완료하면 아래의 버튼을 클릭하여 내용을 머신러닝 모델을 학습하고, 추가한 예제 데이터가 어떤 차이를 만드는지 확인해봅시다.

여러분의 모델이 잘 학습되었는지 확인하기 위하여 문자를 넣어보세요.

| 문자를 넣어 | [테스트] |

mean_things 으로 인식되었습니다.
with 100% confidence

15 ㅣ 학습한 데이터를 코딩에 넣기 위해 프로젝트의 [만들기]에 다시 들어갑니다.

"machine learning"

훈련

컴퓨터가 훈련할 수 있도록 다양한 데이터를 준비하세요

[훈련]

학습 & 평가

데이터를 사용하여 컴퓨터를 학습시키세요 text

[학습 & 평가]

만들기

스크래치나 파이썬을 사용하여 여러분이 만든 머신러닝 모델로 게임이나 프로그램을 만들어보세요

[만들기]

16 | 스크래치 3   을 클릭합니다.

17 | 스크래치 3 열기 를 클릭합니다.

15. 텍스트 모델 학습하기: 머신러닝 포 키즈

18 | 스크래치 화면이 나왔습니다. 기본으로 나오는 오브젝트는 ⬛ 아이콘을 클릭하여 삭제합니다.

19 | 오른쪽 하단의 메뉴 🐱 버튼을 클릭하여 활성화한 뒤 **'그리기'** 🖌 를 클릭합니다.

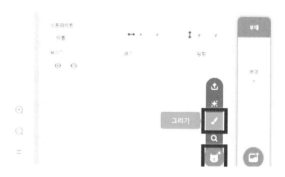

20 | 기본 얼굴 표정을 그려보겠습니다. 원을 이용하여 원을 그린 뒤 채우기 기능을 활용하여 도형을 그립니다.

21 | 왼쪽에 있는 모양에 마우스 오른쪽 버튼을 눌러 **'복사'**를 클릭하여 복사본을 2개를 만듭니다.

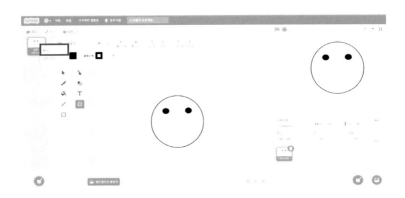

15. 텍스트 모델 학습하기: 머신러닝 포 키즈

22 ㅣ 각 레이어에 적절한 이름을 붙여줍니다. 무표정, 웃는 얼굴, 우는 얼굴을 만들어 보겠습니다.

23 ㅣ '선' 긋기 기능을 활영하여 무표정을 만들어 줍니다.

24 ㅣ '**그리기**' 기능을 활용하여 각 레이어에 웃는 표정과 우는 표정을 그려 줍니다.

25 ㅣ 상단의 '**코드**'를 누른 뒤 '**이벤트**'-'**클릭했을 때**' 블록을 가져옵니다.

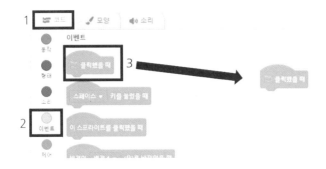

26 | **'형태'-'모양을 ~(으)로 바꾸기'** 블록을 가져온 뒤 무표정(잘모르겠어요)로 바꾸어 줍니다.

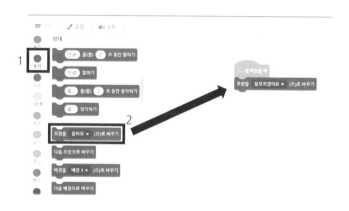

27 | **'감지'-'~라고 묻고 기다리기'** 블록을 가져와서 적절한 표현으로 바꾸어 줍니다.
(**예** 하고 싶은 말을 해주세요!)

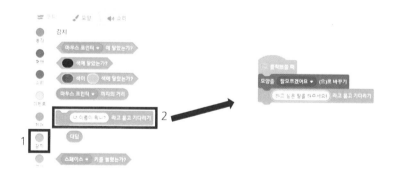

28 Ⅰ '만약~라면 아니면' 블록을 넣습니다.

29 Ⅰ '연산'-'○=○' 블록을 '만약~라면' 블록 안에 넣습니다.

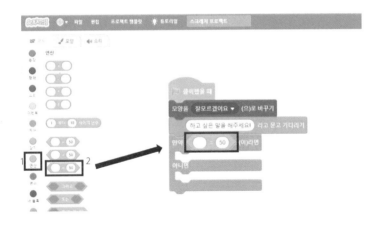

15. 텍스트 모델 학습하기: 머신러닝 포 키즈

30 | 'machine learning'-'텍스트 인식하기(레이블)'과 'kind_things(좋은 말)' 블록을 각각 넣습니다.

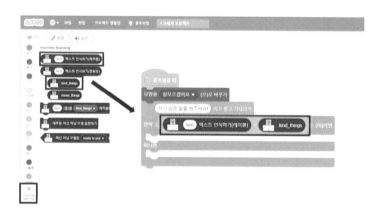

31 | '감지'-'대답' 블록을 '텍스트 인식하기(레이블)'에 넣습니다.

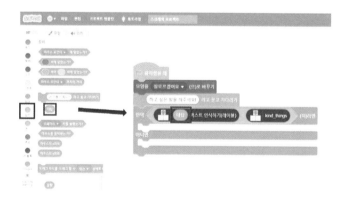

32 | '**형태**'-'**모양을 행복해요로 바꾸기**' 블록을 '**만약 대답=kind things이라면**' 블록 아래에, '**모양을 슬퍼요로 바꾸기**' 블록을 '**아니면**' 아래에 넣습니다.

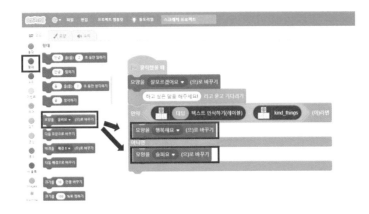

33 | 깃발 아이콘을 클릭하여 좋은 말, 나쁜 말을 구분하는 AI가 잘 만들어졌는지 확인합니다.

34 | 좋은 말을 했을 때 웃는 표정을 짓는 것을 확인할 수 있습니다.

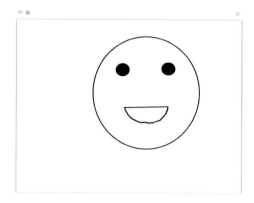

칭찬을 인식하는 봇

◇ 머신러닝포키드를 통해 칭찬을 인식하는 봇을 만들려고 합니다. 좋은 말과 나쁜 말의 다양한 데이터를 추가하기 위해 해당하는 표현들을 적어봅시다. 많은 데이터를 추가할수록 정교한 AI를 만들 수 있습니다.

좋은 말 (kind things)		나쁜 말 (mean things)	

이미지 감지

: 이모지 스캐빈저 헌트

여름방학이 어느새 일주일 앞으로 다가왔다. 6학년 아이들은 벌써부터 방학 준비에 여념이 없다. 학생들의 방학 준비란 여름을 흠뻑 즐기는 것이다. 이 교사는 이미 학기 초에 교육과정을 재구성해두어 학생들이 방학을 앞두고 즐거운 시간을 보낼 수 있도록 하였다. 체육 시간을 활용하여 물총놀이를 하고, 실과시간에 우유빙수 만들기를 하는 등 6학년 학생들은 요즘 하루하루가 학교 오는 재미에 빠져있었다.

이에 반해 선생님들은 학기 말이 되면 많은 업무로 정신이 없다. 첫째로 학생들이 치른 평가 결과를 정리하여 성적표로 발송해야한다. 각 과목별로 성취기준 도달 여부 등을 작성해야 한다. 교과내용뿐만 아니라 행동발달특성과 같이 개개인의 성향이나 행동적 특성들도 작성해야 한다. 두 번째로 할 일은 학생 개개인에 대한 누가기록이다. 가정에는 통지되지 않지만 나이스상에는 자율, 진로, 동아리, 봉사활동이 누가적으로 기록되어야 한다. 수시로 나이스상에 기록해두면 큰 작업은 필요 없지만, 노트에 수기로 기록해두신 선생님들은 다시 한 번 옮겨서 작업을 해야 한다. 마지막으로 방학을 준비해서 하는 작업은 방학 계획서 작성이었다. 방학 계획서는 학년별로 수준에 맞게 작성되었다. 한 달 동안 학생들이 안전하고 규칙적으로 생활할 수 있도록 생활계획표가 들어가 있거나 여름철 물놀이 안전사고 관련 안내장들이 기본적으로 포함되어 있었다. 다만 올해부터는 특수하게 추가된 점이 하나 있었다. 학교 화장실 보수 공사와 교실 창틀 교체 공사로 학교 내부에서 실시하는 각종 캠프나 방과후 수업 등을 진행할 수 없게 되었다. 소규모 학교는 방학이라 하더라도 절반 이상의 학생들이 영어 캠프나 돌봄교실 프로그램에 참석한다. 도시의 학생들은 방학 때 오전에 학원을 다니며 시간을 보낼 수도 있다. 하지만 시골의 경우 읍지역이거나 버스를 탈 수 있는 학생이 아니고서는 학원을 다니기 힘들다. 저학년인 경우는 돌봄교실에 참가할 수 있도록 학교에서 방안을 마련하였지만 비교적 돌봄이 필요 없는 고학년은 돌봄교실 대상에서 제외되었다. 때문에 고학년의 경우 일주일에 한 번 학생들의 안부를 확인할 수 있는 시간을 갖기로 계획을 세워야 했다. 가장 간단한 방법으로는 단체 채팅방으로 서로의 안부를 묻는 방법도 있지만, 이왕 하는 김에 조금 더 교육적인 방법을 적용해보기로 하였다. 그것은 원격수업을 활용하는 것이었다. 전염병이 한창 유행이었을 때 도시의 학교들은 대부분 비대면 수업을 실시하였다. 하지만 미래초등학교는 학생 수가 60명 이하인 소규모 학교라 전염병 전파의 위험성이 적어 학교장의 재량으로 줄곧 대면 수업이 이루어졌다. 이미 도시에서는 학생들이 원격수업에 접속하는 것에 익숙해져 있었다. 원격수업을 통해 학습은 물론 과제 제출까지 할 수 있었다. 그런데 미래초등학교 학생들은 전혀 그런 경험이 없었기 때문에 중학교에 진학하였을 때 원격수업을 한다면 어려움을 겪을 것 같았다. 이러한 이유로 이 교사는 이번 기회에 6학년 아이들도 원격수업 활동을 해볼 수 있도록 기획했다.

다행히 학교에는 1인 1태블릿을 제공할 만큼 태블릿이 넉넉하였다. 원격수업을 위해 가장 먼저 한 일은 학생들이 자신의 아이디를 외우는 일이었다. 미래초등학교가 소속된 교육청에서는 각 학생별 원격수업용 아이디를 배부해주었다. 전면등교가 되는 학교라 마땅히 사용할 일이 없었는데 드디어 사용할 때가 된 것이다.

한 시간 짬을 내어 학생들과 원격수업을 연습해보기로 하였다. 아이들은 처음 원격수업을 하는 탓에 신기해하고 흥미있게 참여하였다. 원격수업을 할 때는 몇 가지 주의 사항이 있었다.

첫째, 학생들이 아이디와 비밀번호를 잊어버리지 않게 꼭 알림장에 적어둔다. 6학년이라도 인터넷 아이디와 비밀번호가 익숙하지 않은 학생들도 아직 많이 있다. 몇몇 학생들은 알파벳을 모르는 경우도 있으니 꼭 따로 적어두도록 한다.

둘째는 교사는 원격수업 프로그램의 마이크, 비디오, 채팅창 기능 등을 능숙히 다룰 수 있어야 한다. 학생들의 마이크를 동시에 열어두면 갖가지 소음이 들어오게 된다. 이런 경우에는 학생들의 주의력은 물론 수업 진행에도 매우 좋지 않다. 비디오도 학생들이 잘 나오지 않을 때 수정해주거나 채팅창에 학생들이 장난을 칠 수도 있기 때문에 채팅창을 얼리는 방법, 다시 실행하는 방법 등을 알고 있어야 한다.

셋째는 채팅창 또는 그룹 토의에서 온라인 학교폭력, 악성 도배나 욕설 등이 일어나지 않도록 하는 것이다. 온라인상에서는 학교에서 하는 행동과 다른 행동을 보이는 학생들이 몇몇 나타난다. 얼굴이 보이지 않기 때문에 자신의 감정을 지나치게 표현하거나 타인의 감정을 알아차리지 못하는 경우들이 있다. 사전에 주의를 주거나 지켜야 할 규칙들을 학생들에게 인지시켜 주어야 한다.

한 학기동안 AI, SW 수업을 해서인지 원격수업 연습을 하는데 큰 어려움은 없었다. 하지만 집에 돌아가게 되면 원격수업 접속 방법을 잊어버려서 어떻게 접속하는지 헤매는 학생들이 나올 수 있으므로 여러번 연습해야 한다. 이 교사는 학생들과 원격수업에서 활용할 프로그램을 위해 화면공유기능을 가르쳐주었다. 화면공유기능을 이용하면 학생들의 각종 과제를 확인하거나 온라인으로 미션 프로그램 등을 실행할 수 있었다.

현수	선생님, 그런데 이 프로그램들은 우리가 왜 배우고 있는 거예요?
이 교사	화면 공유기능을 해보는 건 선생님이 너희들과 이걸로 한가지 놀이를 할 수 있지 않을까 해서에요. 방학 중인데 수업을 할 수는 없잖아요? 그렇다고 오랜만에 봤는데 인사만하고 끊기도 정없고 말이죠. 말이 나온 김에 연습게임 한번 해볼까요?
학생 4	놀이라면 좋아요!
이 교사	여기 [이모지 스캐빈저 헌트]라는 사이트가 있어요. 이 사이트

는 카메라가 달려 있는 노트북이나 태블릿, 휴대전화에 앱을 받아서 사용할 수도 있지요. 당연히 지금 컴퓨터실처럼 캠이 달려 있는 컴퓨터도 이용할 수 있고, 앱이 영어로 되어있지만 몇 번만 같이 연습하면 다 알아볼 수 있을 거예요. 먼저 해당 사이트에 들어가면 카메라가 켜집니다. 이때 화면에서 제시한 물건과 같은 물건을 카메라에 비추면 정답으로 인정해주는 거예요.

학생 5 이게 영어를 모르는 친구들은 너무 어려울 것 같은데요?

이 교사 몇 번만 해보면 영어를 그다지 몰라도 할 수 있을 거예요. 선생님이 먼저 시범을 보여줄테니 먼저 첫 화면에서 'LET'S PLAY' 버튼을 누르고 3초를 센 다음에 제시하는 물건을 찾으면 됩니다. 영어를 모르더라도 왼쪽 상단에 그림으로 물건들을 제시해 줄 거예요. **FIND** 이 그림은 무엇을 찾으라는 말일까요?

학생 6 휴대전화를 찾으라는 말일 것 같아요.

이 교사 그렇지, 자 이렇게 휴대전화를 카메라에 비추면 정답이 되는 거예요. 어렵지 않지요? 주의할 점은 시간 안에 찾아서 카메라에 비춰줘야하는 것이지. 우리가 방학 중에 원격으로 하루 만나는 날이 있을 건데 그날 인사도 나누고 물건 찾는 미션도 한번 해볼게요. 지금부터 한번 각자 연습해볼까요?

학생들은 저마다 사이트에 들어가 미션을 해보았다. 각 컴퓨터마다 임의의 물건들이 제시되었다. 공책, 키보드, 휴대전화부터 노트북, 티셔츠, 신발 등이 제시되었다. 컴퓨터실이라 학생들이 없는 물건들이 많이 있어 높은 단계로 나아가는 학생들은 거의 없었다. 시도가 반복될수록 옆 친구들의 물건을 빌려 카메라에 비추기도 하고 물건이 없으면 비슷한 물건들을 카메라에 갖다 대기도 하였다. 몇 번의 체험 후 학생들을 진정시켜야 했다. 온갖 물건들을 찾으러 컴퓨터실을 돌아다니는 학생들이 늘었기 때문이었다.

이 교사   자 6학년, 이제 자리에 앉아볼까요? 오늘은 연습이니까 너무 경쟁심을 가질 필요는 없을 것 같아요. 어때요. 해보니까 프로그램이 물건들을 잘 인식하는 것 같나요?

학생 7   네. 옆에 짝이랑 신발 모양이 다른 데 둘 다 신발로 인식하는 것 보면 잘 구별하는 것 같아요. 저는 슬리퍼 모양이고 짝은 평범한 흰 실내화인데도 잘 구별하더라고요.

이 교사   그랬구나. 세상에는 수많은 종류의 신발들이 있을텐데 어떻게 프로그램이 각자의 신발을 구별할 수 있었을까요? 어떤 원리가 적용되었을지 짐작이 가나요?

학생 8   이 프로그램도 AI 프로그램 원리를 학습한 것 같아요. 물건을 대표할 수 있는 사진들을 학습시키고 비슷하게 인식되면 같은 이미지로 인식하는 것 같아요. 예전에 체육수업에서 했던 모션 인식처럼 완전 똑같지는 않아도 통과되는 경우도 있었어요.

6학년이라 학습도 빠르고 AI 수업을 여러 번 하다 보니 이제 프로그램의 원리를 말하는 것도 척척이었다. 이렇게 재미있게 따라와 준 학생들에게 고마움을 느끼는 이 교사였다.

이 교사 대답 잘해주었어요. 이 프로그램도 결국 AI 프로그램의 원리를 이용해서 만든 거예요. 시간 되는 학생들은 연습해보면서 어떤 물건들이 나오게 될지 한번 예상해보면 좋은 성적을 거둘 수 있겠지요? 이 과제와 관련해서는 나중에 나눠줄 여름방학 계획서에 자세히 적어둘게요. 오늘 수업은 여기까지 하고 급식 먹으러 갈까요? 오늘 메뉴는 방학 전 스페셜 메뉴라고 영양 선생님께서 귀띔해 주셨어요. 얼른 손 씻고 복도에 줄 서주세요!

01 | 'https://emojiscavengerhunt.withgoogle.com/'에 접속합니다. 활동을 진행하기 위해 🔊 **LET'S PLAY** 버튼을 클릭합니다.

02 | 카메라 사용 권한을 허가하면 게임이 시작됩니다. 화면이 제시하는 사물을 찾아 카메라에 비춥니다. **NEXT EMOJI** 를 클릭하면 다음 문제로 넘어갑니다. 시간 안에 사물을 비춰야 합니다.

03 | 시간 안에 사물을 찾지 못하면 활동이 끝납니다. 지금까지 맞힌 개수를 확인할 수 있습니다. **PLAY AGAIN** 버튼을 클릭하면 다시 활동할 수 있습니다.

온라인 미션

◇ 즐거운 여름방학! 보고 싶은 선생님과 친구들을 비대면으로 만나는 "온라인 미션의 날"을 운영하려 합니다. 다음 두 날짜 중 내가 원격 수업에 참여할 수 있는 날짜를 골라주세요. (이틀 중 적어도 한 번 반드시 참여해야 하며, 원하는 친구들은 두 번 모두 참여할 수 있습니다.)

    1. 8월 9일 10:00~11:00 (   )   2. 8월 10일 10:00~11:00 (   )

◇ 정해진 날짜에 우리 학급의 원격 수업방에 접속합니다. 출석 체크와 안부 인사를 나눈 후, 10시 20분부터 다음의 방법으로 온라인 미션을 수행합니다.

01 https://emojiscavengerhunt.withgoogle.com/에 접속합니다. 활동을 진행하기 위해 🔊 **LET'S PLAY** 버튼을 클릭합니다.

02 카메라 사용 권한을 허가하면 게임이 시작됩니다. 화면이 제시하는 사물을 찾아 카메라에 비춥니다. **NEXT EMOJI** 를 클릭하면 다음 문제로 넘어갑니다. 시간 안에 사물을 비춰야 합니다.

03 시간 안에 사물을 찾지 못하면 활동이 끝납니다. 지금까지 맞힌 개수를 확인할 수 있습니다. **PLAY AGAIN** 버튼을 클릭하면 다시 활동할 수 있습니다.

04 활동이 끝난 후, 마지막 화면을 캡처하여 우리 학습의 원격수업방에 공유합니다.

05 나와 친구들의 미션 결과를 비교하며 활동을 정리해 봅시다.

◇ 온라인 미션의 날에 참여한 후 간단한 소감을 적어봅시다.

_____

_____

해외 인공지능 교육 동향

"여름 방학 안전하게 잘 보내고 건강한 얼굴로 보자! 아 그리고 꼭 우리 화상 채팅하는 날 잊지 말고 접속하고!"

"네! 안녕히 계세요!"

교사가 된지 10여 년이 되었지만, 방학식날 학생들이 떠난 빈 교실은 여전히 어색하다. 평소에는 하교시간이라도 학교 곳곳에 학생들이 남아있다. 방과 후 수업을 듣거나 돌봄 교실에 참여하거나 운동장에서 학원 차를 기다리기도 한다. 하지만 방학이나 종업식을 한 날은 남아있는 학생 없이 모든 학생이 함께 학교에서 빠져나간다. 방학식 날은 보통 3교시 전후로 학교 일과가 끝이 나기 때문에 급식이 이루어지지 않는 경우도 많다. 이번 여름 방학식도 급식은 실시 되지 않아 학생들은 11시 즈음 학교를 빠져나갔다. 아직 점심시간까지는 1시간 정도 여유 시간이 남아 선생님들은 업무를 마무리하거나 교실을 정리하기에 여념이 없었다. 이 교사도 AI 교육 선도학교 업무를 위해 선생님들께 쪽지를 하나 보냈다. 방학 중 있을 AI 연수와 관련된 내용이었다.

선생님들은 방학을 휴식의 시간으로 사용하기도 하지만 다양한 연수를 들으며 자기 개발의 시간으로 보내기도 한다. 가장 이상적인 것은 선생님 스스로가 원하는 연수를 듣는 것이지만 각 학교별, 교육청별로 필수적으로 들어야하는 연수가 지정되기도 한다. 예를 들어 연구부장들을 대상으로 한 평가 관련 연수나 관리자들을 대상으로 한 학교 경영 관련 연수, 일반 교원들을 대상으로 한 안전 연수, 전 직원을 대상으로 한 성 관련, 청렴 관련 연수들이 그런 것이었다. 그리고 AI 교육처럼 새로운 교육 활동이 추가되면 선생님들이 일정 기간 동안 필수로 이수 해야 한다. 이번 AI 교육 연수도 그러한 내용이었다.

- **제목:** AI 교육 연수 관련 안내드립니다.
- **보내는 사람:** 이수빈(6학년)
- **받는 사람:** 전 교사
- **내용**
  선생님들, 한 학기 동안 AI 교육 선도학교 운영을 위해 힘써주셔서 감사합니다. 학기 중에도 AI 교육 관련 연수 안내를 많이 드렸습니다.
  혹시 아직 AI 교육 연수를 듣지 않은 선생님들은 방학을 이용해 꼭 이수 부탁드립니다. AI 교육 선도학교 교직원이 필수로 들어야하는 AI 교육 관련 연수 이수시간은 30시간 이상으로 현재 신청이 가능한 원격 연수 사이트 정리한 파일 첨부합니다. 문의 사항은 언제든지 연락 주세요.
  곧 있을 점심식사 시간에 뵙겠습니다^^

쪽지를 전송하고 학생들이 떠난 교실의 사이사이를 정리하였다. 방학식 전에 한 시간에 걸쳐 교실 청소를 하였지만 이 교사가 정리할 부분이 여전히 남아있었다. 어느 정도 교실 정리가 끝이 나자 점심 식사를 알리는 방송이 흘러나왔다.

"알려드립니다. 오늘은 급식이 실시되지 않는 관계로 학교 인근 횟집에서 점심 식사가 있겠습니다. 12시 30분까지 전 교직원 여러분께서는 식당으로 오시기 바랍니다."

여름 방학 기념으로 오늘 메뉴는 물회와 회덮밥이었다. 시골이라 많은 식당이 있는 것은 아니었지만, 솜씨 좋은 식당은 곳곳에 있었다. 특히 학교 바로 옆 횟집의 점심 특선은 좋은 가성비를 자랑했다. 맛도 있었지만, 회덮밥만 주문해도 갖가지 반찬에 매운탕까지 같이 나왔다. 소문은 많이 들었지만, 점심 한정 메뉴라 마땅히 먹어볼 기회가 없었는데 기대가 되었다. 식당은 학교 바로 옆이라 걸어서 이동하면 되었다. 교실을 정리하고 나오면서 아직 출발하지 않은 5학년 김다희 선생님을 불러 같이 이동하였다.

이 교사 선생님, 나중에 정리하고 식사하러 가시죠?

김 교사 네~ 안 그래도 이제 슬슬 출발하려던 참이었어요.

이 교사 방학식은 잘 하셨어요?

김 교사 그럼요! 드디어 방학이네요. 선생님은 방학 때 무슨 계획 있으세요?

이 교사 8월 초쯤에 가족끼리 여행 갈 계획은 세웠는데 너무 성수기에 움직이는 것 같아서 조금 걱정이네요. 숙소 값도 너무 비싸고…. 선생님은 방학 때 어디 안 가시나요?

김 교사 저도 어디 멀리는 못갈 것 같고 근처에만 좀 둘러보고 하려고요.

이 교사 그래요. 굳이 멀리 가거나 무리하지 않아도 될 것 같아요. 여름에는 움직이면 피곤하고 땀도 많이 나고 해서 시원하게 집에서 쉬는 것도 좋죠. 혹시 연수는 따로 듣는 것 없어요?

김 교사 저는 다음 주부터 커피 연수 신청했어요. 일주일 동안 하는데 벌써부터 기대돼요.

이 교사 오 커피 연수! 커피 좋아하시면 아마 재미있으실 거예요. 아내도 작년에 커피 연수를 받았는데 커피의 기초적인 부분도 배우고 실습도 많이 해서 이후에 커피 마시는데 많은 도움이 되더라고요.

김 교사 정말요? 커리큘럼만 보고 재미있을 것 같아 신청했는데 기대되네요. 선생님은 방학 중에 연수 듣는거 없으세요?

이 교사 저는 아내랑 목공연수 같이 듣기로 했어요. 마침 집 근처 목공방에서 연수를 운영하더라구요? 1주일 동안 연수 들으면서 목공작품도 만들고 하면 재미있을 것 같아요. 그리고 2박 3일동안 서울에 AI 교육 선도학교 담당자 연수가 있어요.

김 교사 서울까지 가서 받는 연수가 있어요? 뭘 하는데 서울까지 가서 연수를 받는 거예요?

이 교사 아마 앞으로 AI 교육 선도학교를 어떻게 운영해야 하는지 설명하는 연수 같아요. 내년에도 운영해야 하니까요. 그리고 담당자들이 다 오는 거니까 전국의 다른 학교들 사례들도 보고 참고할 수 있고요. AI 기술을 활용한 교육과정이나 수업 설계하는 과정도 있더라고요.

김 교사 뭔가 원격연수에 비해 실제로 해보는 듯한 느낌이 강하네요. 거기 다녀오면 피곤하지 않으시겠어요?

이 교사   저도 피곤할 것 같긴한데 숙소가 나름 호텔이라 호캉스 즐기는 느낌으로 즐겁게 가보려고요.

김 교사   AI 연수 말씀하시니까 생각나는데 AI 연수 시수가 15시간 밖에 안되어서 이번 방학에 하나 들어야겠어요. 그리고 아까 보낸 연수 안내 쪽지요, 첨부파일에 그렇게 정리까지 해주시니 편하던데요? 수빈 선생님은 안내를 친절하게 해주시다 보니 더 바쁘신 것 같아요.

이 교사   전달할 정보도 많고 안내할 때 확실히 안내를 해드려야 마음이 편하더라고요.

김 교사   선생님은 30시간은 다 채우셨죠? 아참 굳이 안들으셔도 이번 방학 그 연수만 받으시면 30시간은 거뜬히 넘겠네요.

이 교사   들어야 하는 시수는 이미 작년에 다 넘어서긴 했는데 이제 저도 AI 관련된 연수를 몇 시간이나 들었는지 기억이 나지 않네요. 어 여기가 그 횟집 맞죠?

김 교사   네 여기에요. 얼른 들어가요. 대부분 들어오신 것 같아요.

식당에는 이미 많은 교직원이 들어와 있었다. 식당에 들어서자 3, 4학년 선생님께서 5, 6학년 선생님들의 자리를 맡아주셨다. 메뉴는 회덮밥으로 통일이었고 식사가 나올 무렵 교장 선생님의 말씀이 있었다.

교장   미래초등학교 교직원 여러분 한 학기동안 고생 많으셨습니다. 저희들끼리 자축하는 자리이지만 많은 교직원 여러분들 덕분에 교육과정도 알차게 잘 운영된 것 같습니다. 식사를 앞에 두고 말이 너무 많으면 이것도 좋지 않겠죠? 식사 맛있게 하시고 남은 마무리도 잘하시기 바라겠습니다.

얼마 지나지 않아 주문한 음식들이 나오기 시작했다. 선생님들은 오랜만에 밖에서 먹는 점심을 맛있게 먹기 시작했다. 식사를 하며 자연스레 1학기 반성회가 열렸다. 1학기 동안 있었던 일들을 이야기하며 좋았던 점, 아쉬웠던 점들을 공유하며 학기가 마무리 되는 분위기였다.

여름 방학이 시작되고 다음 주 월요일부터 이수빈 선생님은 AI 교육 선도학교 담당자 출장으로 서울로 향했다. 연수 시작 시간이 오후였지만 당일 지방에서 올라오면 너무 피곤할 것 같아 전날 미리 올라왔다. 덕분에 연수장에도 일찍 도착하여 연수장을 둘러보았다. 연수장은 어느 연수들과 다르게 호텔을 거의 통째로 빌려서 진행되었다. 각 지역별로 세미나실이 마련되어 있었고 가까운 지역별로 조가 배정되었다. 연수 프로그램은 2박 3일 동안 진행되었다. 연수 자료를 살펴보니 연수 일정이 상세하게 설명되어있었다. 첫째 날에는 AI 교육에 대한 기본적인 이해와 해외의 AI 교육 동향을 살펴보는 내용이었다. 이를 통해 우리나라의 현재 AI 교육 방향성을 생각해보는 듯 했다. 둘째 날은 각 조별로 AI 교육과정을 수립해보는 과정을 가진다. 각 교과별로 어떻게 AI 교육과정을 적용하는 것이 좋을지 의논하고 실제로 교과를 재구성하는 시간이 마련되어 있었다. 이 과정에서 각 학교별 대표 사례를 발표하고 공유할 수 있는 듯 했다. AI 교육에 필요한 단순 교구부터 학사 일정 운영에 대한 팁들도 함께 이야기 나눌 수 있을 것 같아서 기대가 되었다. 마지막 날은 조별 토의 내용을 전체적으로 공유하는 날이었다. 단기간에 발표과제를 해야 한다고 생각하니 대학 시절 조모임이 떠올랐다. AI 교육 선도학교 대표 선생님들의 모임이니 무임승차자 없이 잘 할 수 있을 것 같다는 즐거운 예감이 들었다. 이 교사는 일정 안내 뒤쪽으로 첨부되어있는 해외의 AI 교육 동향에 대한 연수자료를 읽으며 시작 시간을 기다렸다. 몇몇 선생님들이 자리에 앉기 시작했다. 오랜만에 얼굴을 보는 선배와 후배들도 보였다. 가볍게 인사를 하며 그간 사는 이야기들을 나누며 연수를 준비했다.

 읽을거리

◎ 해외 인공지능 교육 동향

1 **미국**

가. 각 주마다 서로 다른 교육과정을 운영하지만 정규 교육과정으로 편입하려는 흐름

나. 컴퓨터 과학 교육 표준안 제시하고 세계 각국에 영향

다. 미국 인공지능 학회 AAAI(American Association of Artificial Intelligence)와 ISTE(The International Society for Technology in Education)에서 AI4K12 운영

라. AI 교육의 핵심 프레임워크 : Perception, Representation & Reasoning, Learning, Natural Interaction, Social Impact

마. AI 역량 향상을 위해 STEM 교육 강화

2 　중국

가. 2017년 차세대 인공지능 발전 계획 발표

나. 초, 중, 고에 AI 교육 도입, AI 교육과정 및 교과서 개발

다. 유치원 -AI와 친숙해지기 놀이

라. 초등학교 -프로그래밍 활동

마. 중학교 -데이터 관련 모델 학습

바. 고등학교- 머신러닝 등 AI 관련 응용 분야 기술

3 　일본

가. 2019년 AI 인재 육성 관련 정책 발표

나. 초, 중, 고 AI 리터러시 교육, 수학 및 STEAM 교육 강화

다. 프로그래밍 교육 필수화를 통해 정보활용 능력 육성

라. 초 6학년 데이터 활용 필수 영역으로 실시

마. 중학교-프로그래밍 관련 내용 심화

바. 고등학교-정보과목 필수, 프로그래밍, 네트워크 및 데이터베이스 기초 학습

라. AI 기초 지식 획득 및 문제 발견 및 해결, 창의성 함양을 목표

4 　영국

가. SW 국가 교육과정 운영

나. 2014년 만 5세~16세 대상 컴퓨팅 교과 필수 과목 지정

다. 컴퓨터 과학 개념, 프로그래밍을 통해 창의적인 문제해결력과 과학적 사고 향상에 초점

라. 2017년 인공지능 산업 육성 전략 권고안, 2018년 인공지능 전략 보고서 발표

마. AI 교육과정에 대한 연구가 이루어지고 있음

바. AI 진로 탐색 프로그램 운영

자기소개하기

<table>
<tr><td>(　)학년 (　)반 (　)번
이름 :</td></tr>
</table>

◇ 반갑습니다! 같은 반이 된 새로운 친구들과 인사를 나누었나요? 친구들에게 나를 소개하기 위한 자료를 만들어봅시다. 빈칸에는 내가 소개하고 싶은 내용을 직접 적어봅시다.

나의 성격은	명랑하다	나의 생일은	8월 9일
우리 가족의 수는	5명	좋아하는 색깔	노랑색
좋아하는 과목	미술	싫어하는 과목	체육
가장 잘하는 것	피아노연주	가장 자신 없는 것	달리기
방과후에 주로 하는 일	휴대폰 게임	현재 다니는 학원	피아노 학원
무서워하는 것	귀신	가장 갖고 싶은 것	닌텐도
좋아하는 음식	치킨	싫어하는 음식	오이
좋아하는 연예인	BTS	꼭 가고 싶은 장소	디즈니랜드
	아이폰12 미니		어몽어스

◇ 위에 적은 내용 중 나를 가장 잘 나타낼 수 있는 말 3가지를 골라서 ○ 하세요.

◇ 'http://wordcloud.kr'에 접속하여 나만의 워드클라우드를 생성해 봅시다.

나이 인식 프로그램 만들기

◇ 다음은 엔트리를 이용한 나이인식 프로그램 만들기 명령어 블록입니다. <보기>에서 빈칸에 들어갈 알맞은 명령어를 고르세요.

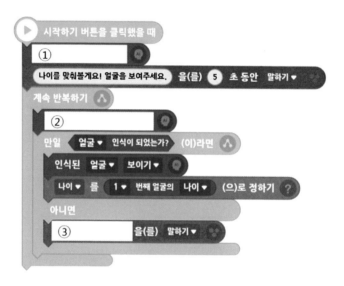

<보기>

◆ 얼굴 인식 시작하기　　　　◆ 나이 인식 시작하기

◆ 계속 반복하기　　　　　　◆ 비디오 화면 보이기

◆ 얼굴 보이기　　　　　　　◆ 얼굴을 보여주세요

◆ 당신은 몇 살입니까?　　　◆ 비디오가 연결되었나요?

◆ 끝내기

---

① 　비디오 화면 보이기
---
② 　얼굴 인식 시작하기
---
③ 　얼굴을 보여주세요

바다 환경을 위한 AI

◇ 환경의 날에 대해 검색 한 후 빈칸을 채워봅시다.

〈 세계 환경의 날 〉

1972년 6월 (스웨덴) 스톡홀롬에서 열린
"(유엔)인간환경회의"에서 국제 사회가 지
구 환경 보전을 위해 공동노력을 다짐하며
제정한 날로, 매년 (6)월 (5)일이다.

바다 환경을 위한 AI (code.org/oceans)

바다에 버린 쓰레기는 해양 생물에 영향을 미칩니다. 이번 활동에서는 AI가 물고기나
쓰레기를 알아보도록 프로그래밍하고 학습시켜보았습니다. AI는 사물이 물고기인지 쓰
레기인지 알지 못하지만, 이미지를 처리해 패턴을 구분할 수 있습니다. 사용자가 이미
지에 달아준 "물고기" 또는 "물고기 아님" 라벨을 학습하여 AI는 패턴을 인식하게 되었
습니다.

이렇게 물고기를 인식할 수 있는 AI로봇을 바닷속에 투입하면 어떤 일이
일어날까요?
AI가 지구의 환경을 위해 할 수 있는 다른 일은 무엇이 있을지 생각하며
"바다 환경을 위한 AI"를 학습해본 소감을 적어봅시다

AI로봇은 바닷속에서 물고기와 쓰레기를 구분하여 사람
들 대신 바닷속을 청소할 수 있다.
우리는 AI가 쓰레기 대신 물고기를 청소하지 않도록
다양한 물고기 이미지를 AI에게 학습시켜 줘야 할 것
이다. 로봇은 생활을 편리하게 해준다고만 생각했는데
이렇게 지구 환경도 보존해준다니 정말 대단하다. 이
로봇이 쓰레기를 연료로 한다면 환경 보존에 더 도움이 될 것 같다.

알맞은 동작을 찾아라

◇ 〈보기〉의 동작과 같은 동작으로 인식될 수 있는 실루엣을 모두 찾아
　○ 하세요.

〈보기〉

◇ 무브미러에서 〈보기〉의 동작을 인식하면 보기와 비슷한 이미지의 동
　작이 나올까요?
　무브미러를 통해 직접 동작 인식을 해본 후 간단한 소감을 적어봅시다.
　사람들 대신 바닷속을 청소할 수 있다.

보기의 동작을 따라하기 힘들었는데 다리가 완전히 찢어지지 않아도 〈보기〉와 비
슷한 동작으로 인식해서 사진을 보여주는 것이 신기했다. 체육 시간에 배운 동작을
정확하게 잘 따라 했는지 확인할 수 있어서 좋았다.

데이터 분석 테이블 만들기

◇ 우리 반 학생들의 키와 몸무게 데이터를 입력하여 분석하고 싶은 경우 가장 적절한 그래프 유형을 고르세요.

① 원형그래프   ② 분산형그래프   ③ 꺾은선그래프   ④ 막대그래프

정답 : ②

◇ 우리 반 학생들의 키와 몸무게를 조사하여 봅시다.
(※ 우리 반 친구들이 몸무게를 밝히는 것을 원하지 않는다면 발 사이즈를 조사해도 좋습니다.)

이름	키	발 사이즈	이름	키	발 사이즈
강○○	152cm	220mm	양○○	147cm	200mm
고○○	148cm	210mm	양○○	149cm	210mm
김○○	145cm	225mm	이○○	150cm	220mm
김○○	155cm	225mm	이○○	155cm	215mm
김○○	160cm	235mm	이○○	161cm	245mm
박○○	159cm	230mm	이○○	157cm	230mm
박○○	148cm	220mm	장○○	149cm	215mm
반○○	151cm	215mm	정○○	162cm	235mm
백○○	161cm	240mm	조○○	148cm	215mm
서○○	144cm	210mm	최○○	166cm	250mm
신○○	163cm	235mm	한○○	156cm	225mm
양○○	160cm	230mm	황○○	155cm	220mm

◆ 수집한 데이터를 바탕으로 엔트리 사이트에서 데이터를 분석해 봅시다.

AI 도움으로 발음 연습하기

◇ 다음은 소리로 음성을 감지하고 텍스트로 변환하는 AI를 활용한 발음연습 프로그램입니다.

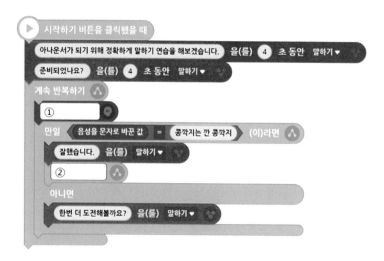

(1) 빈칸에 들어갈 알맞은 말은 무엇일까요?

①	음성 인식하기	②	반복 중단하기

(2) 다양한 발음 연습을 위해 다음 빈칸에 들어갈 수 있는 표현들을 찾아보고 발표해봅시다.

음성을 문자로 바꾼 값 =

- 경찰청 철창살
- 내가 그린 기린 그림
- 철수 책상 철책상
- 고려고교 교복
- 백법학박사
- 왕밤빵 왕밤빵 왕밤빵
- 안 촉촉한 초코칩
- 붉은 팥 풋팥죽

투명 페트병 분리배출하기	( )학년 ( )반 ( )번
	이름:

◇ 환경부는 2020년 12월부터 공동주택에서의 투명 페트병 분리배출을
  실시하고 있습니다. (단독 주택, 빌라 등은 2021년 12월부터 실시)

왜 분리해서 버려야 할까요?

국내 재활용품은
유사품목 혼합배출로
고품질 재활용품 생산이 제한적

부족한 고품질
재활용 원료 확보를 위해
연 2.2만톤의 폐페트 수입

투명 페트병 분리배출로
연 2.9만 톤에서 10만톤으로
국내 고품질 재활용원료 확보

◇ 플라스틱 분리 배출을 도와주는 AI 로봇이 있다면 어떤 점이 편리할까요?

  재활용을 할 수 있는 플라스틱과 아닌 것을 편리하게 구분해 지구 환경

  을 보호 할 수 있다. 등

투명 페트병! 이렇게 배출해 주세요

내용물은
싸~악
비우기!

라벨은
착!
제거하기

찌그러트리고
꽈~악
뚜껑 닫가

◇ 일주일간 AI에게 입력할 다양한 데이터를 수집하고 플라스틱 분리배
  출을 실천해봅시다.

〈미션1〉

페트병의 라벨을 제거하기,

전과 후 사진 찍기

〈미션2〉

일주일간 분리배출 실천하기

〈실천점검표〉

날짜	4/11	4/12	4/13	4/14
실천결과	○	☆	○	☆

날짜	4/15	4/16	4/17	4/18
실천결과	○	○	☆	☆

○ : 잘 함 △ : 못함 ☆ : 플라스틱 사용 안함

이미지 출처: 환경부 플라스틱 분리배출 홍보 포스터

| 혼자 하는 말판놀이 | ( )학년 ( )반 ( )번 |
| | 이름: |

◇ 엔트리 가위바위보를 이용해 AI와 말판놀이를 해봅시다.

〈게임 규칙〉

1. 모션 인식을 이용한 엔트리 가위바위보 게임을 활용한다.
2. 컴퓨터의 말과 나의 말을 각각 준비한 후 가위바위보 결과대로 움직인다.
3. 이긴 경우 2칸, 비긴 경우 1칸 이동한다.
4. 먼저 도착지점에 도달한 쪽이 승리한다.

출발

도착

나
혼자
논다

1라운드 승리	컴퓨터	2라운드 승리	나	3라운드 승리	나

표정을 구분해주는 AI	( )학년 ( )반 ( )번
	이름:

◇ 친구들의 표정을 구분해주는 AI가 있다면 어떨까요? 친구의 기분에 따라 함께 행복해하거나 위로해 줄 수 있는 AI친구를 만들어봅시다. AI가 사람의 표정을 구분하기 위해서는, 먼저 웃는 얼굴(기쁨)과 우는 얼굴(슬픔) 등 다양한 표정에 대한 데이터가 있어야 합니다. 다음 얼굴 데이터를 보고 웃는 표정에는 '기쁨'을, 우는 표정에는 '슬픔'을 적어봅시다.

◇ AI는 위와 같이 구분된 표정에서 어떤 공통점을 찾을 수 있을까요?

	웃는 얼굴(기쁨)	우는 얼굴(슬픔)
AI가 인식할 수 있는 특징	- 입꼬리가 올라갔다. - 보조개가 생긴다.	- 눈썹을 찌푸리고 있다. - 입이 벌어졌거나 입꼬리가 내려갔다. - 눈물이 흐른다.

식물의 잎 관찰하기

◇ 오토 드로우를 이용하여 다음 그림과 같이 여러 종류의 식물의 잎 이미지를 만들어봅시다.

미래의 인공지능 서비스

◇ 인공지능 기술이 발달한 미래, 내가 원하는 물건을 마음껏 만들 수 있다면 무엇을 만들고 싶나요? 인공지능 기능을 탑재한 나만의 발명품을 상상해 봅시다.

---

1. 인공지능 서비스를 이용한 물건을 만든다면 어떤 기술을 사용하고 싶나요? ①

   ① 동작 인식   ② 음성 인식
   ③ 추천 프로그램   ④ 기타 (   )

2. 위에서 선택한 기술을 이용해 부모님께 어버이날 선물을 드린다면 어떤 물건을 만들고 싶나요?

   (음성 인식) 기술을 이용한 (효녀 로봇)

◇ 위에서 떠올린 물건을 그림으로 나타내고 간단한 설명을 적어봅시다.

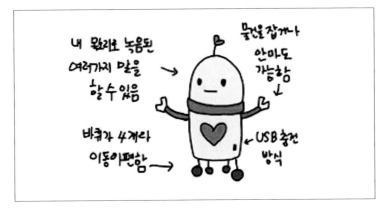

이 로봇은 음성인식을 할 수 있는 효녀로봇이다.

내가 입력해놓은 여러 가지 대사를 이용해 부모님과 대화할 수 있고,

전화 기능이 탑재되어 나와 부모님이 통화도 할 수 있다.

효녀 로봇은 부모님의 명령에 따라 집안일, 안마 등 여러 가지 일을 할 수 있다.

이런 로봇을 만들어 드린다면 부모님이 아주 기뻐하실 것 같다.

<table>
<tr><td rowspan="2">**꽃을 조사해요**</td><td>( )학년 ( )반 ( )번</td></tr>
<tr><td>이름:</td></tr>
</table>

◇ 주변에서 꽃을 찾아 사진을 찍은 후 자세히 관찰하며 그림으로 그려 봅시다.

관찰한 장소	강당 옆 화단

◇ 위에서 찾을 꽃의 이름과 특징을 꽃 검색을 이용해 정리해 봅시다.

꽃 이름	개망초	제철	6월~8월
원산지	북아메리카	과	국화과 개망초속
꽃말	화해	서식지	길가나 공터
특징	일제강점기 시절 유난히 많이 피어 나라가 망했다는 의미로 이름 붙여짐. 모양이 계란 프라이와 닮아 계란꽃이라고 부르기도 함.		

칭찬을 인식하는 봇

◇ 머신러닝포키드를 통해 칭찬을 인식하는 봇을 만들려고 합니다. 좋은 말과 나쁜 말의 다양한 데이터를 추가하기 위해 해당하는 표현들을 적어봅시다. 많은 데이터를 추가할수록 정교한 AI를 만들 수 있습니다.

좋은 말 (kind things)		나쁜 말 (mean things)	
너는 사랑스러워	너와 있으면 행복해	너 냄새나	난 네가 싫어
오늘 정말 멋진걸	넌 나의 가장 친한 친구야	멍청이	바보
멋져	예뻐	너랑 안 놀래	그것도 모르나
같이 있으면 좋아	정말 대단해	메롱	응 아니야
너 그림 잘 그린다	너 달리기 잘한다	꺼져	저리 가
말을 예쁘게 하는구나	귀여워	싫어	안 해
너 정말 착하구나	넌 좋은 친구야	너 혼자 해	뭐래
너 정말 잘한다	오늘 옷이 멋져	못생긴 게	코로나덩어리야
같이 하자	좋아해	어쩌라고	너나 잘해
네가 자랑스러워	네 덕분이야	미워	미친
너 참 재미있어	너랑 노는 게 좋아	내가 왜	싫은데
같이 놀자	고마워	얼마 줄 건데	돈 내놔
훌륭해	기뻐	내꺼 쓰지 마	지저분해
내가 양보해줄게	행복해	돼지야	더러워
즐거워	짱이야	키도 작은 게	공부도 못 하는 게

부록

온라인 미션

◇ 즐거운 여름방학! 보고 싶은 선생님과 친구들을 비대면으로 만나는 "온라인 미션의 날"을 운영하려 합니다. 다음 두 날짜 중 내가 원격 수업에 참여할 수 있는 날짜를 골라주세요. (이틀 중 적어도 한 번 반드시 참여해야하며, 원하는 친구들은 두 번 모두 참여할 수 있습니다.)

　　1. 8월 9일 10:00~11:00 (○)　　2. 8월 10일 10:00~11:00 (　　)

◇ 정해진 날짜에 우리 학급의 원격 수업방에 접속합니다. 출석 체크와 안부 인사를 나눈 후, 10시 20분부터 다음의 방법으로 온라인 미션을 수행합니다.

01 https://emojiscavengerhunt.withgoogle.com/에 접속합니다. 활동을 진행하기 위해 **◄) LET'S PLAY** 버튼을 클릭합니다.

02 카메라 사용 권한을 허가하면 게임이 시작됩니다. 화면이 제시하는 사물을 찾아 카메라에 비춥니다. **NEXT EMOJI** 를 클릭하면 다음 문제로 넘어갑니다. 시간 안에 사물을 비춰야 합니다.

03 시간 안에 사물을 찾지 못하면 활동이 끝납니다. 지금까지 맞힌 개수를 확인할 수 있습니다. **PLAY AGAIN** 버튼을 클릭하면 다시 활동할 수 있습니다.

04 활동이 끝난 후, 마지막 화면을 캡처하여 우리 학습의 원격수업방에 공유합니다.

05 나와 친구들의 미션 결과를 비교하며 활동을 정리해 봅시다.

◇ 온라인 미션의 날에 참여한 후 간단한 소감을 적어봅시다.

> 오랜만에 친구들과 선생님의 얼굴을 보니 반가웠다. 물건 찾기 미션은 시간내에 물건을 집에서 찾아야한다는 점이 정말 재미있었다. 다음에 또 해보고 싶다.